ちくま文庫

本屋、はじめました　増補版

新刊書店Titleの冒険

辻山良雄

筑摩書房

はじめに

自分の本屋を開こうと思ったとき、それが困難なことであるとか、今の時代では珍しいことであるとかいうことは、特に考えませんでした。シンプルにそうしたいと思ったから、本屋をつくるにはどうすればよいのかということを、一つずつ積み重ねながら考えていきました。この本には、そうした積み重ねの経緯を書いています。

あとになって、ここ数年で個人が新刊書店を開いたケースはほとんどないということを、何人かの方から聞きました。自分は本当にめぐりあわせに恵まれていたのだと思います。お金のこと、経験、周りで助けてくれた数多くの人たち……。どれか一つが欠けても、望みどおりの本屋を開くことはできなかったでしょう。

苦楽堂の社主・石井伸介さんから「本を書いてみませんか」と言われたときに、思い浮かんだことも、「自分が何かの力によって、本屋として生かされているという思い」でした。自分が新刊書店を開いた陰には、そう望んでも何らかの理由で叶わなかった誰かの想い、挫折、妥協があったと思います。自分のめぐりあわせが良かっただけだとしても、そうした一つの本屋が生まれたという体験を書き残しておくことは、どこの地域、どんなやり方であろうと、自分のやり方でこれから本を売って暮らしていきたいと思っている人にとっては、役に立つことも少しはあるかもしれません。こうした文章を書いたのは、そのような理由からです。

この本が、本屋を志す人にとってはもちろんですが、何かを始めようと思っている人の背中を押すようなことがあれば、それに優るよろこびはありません。

目次

文庫増補章　その後の Title …… 217

本屋、はじめました　増補版

新刊書店Titleの冒険

©吉野有里子

第1章　前史

原風景

遡ることのできるいちばん古い記憶は、幼稚園への行き帰りの道、神戸の須磨浦幼稚園という海が遠くに見える高台の幼稚園の風景です。その年齢の子どもが通うには、今思えばかなり遠い場所にありましたが、途中の道ではチョウチョやバッタなどをすぐ見つけることができたので、それを捕まえては家にあった子ども用の図鑑で名前を調べました。

町なかにいる虫では、そんなに珍しい種類のものも見つからなかったので、虫捕りはすぐにやめてしまいましたが、図鑑を見ることは楽しかったのか、「虫」「動物」「宇宙」などの男の子の見るような図鑑はぼろぼろになるまで眺めていました。他にも、そのころ読んでいた『たんたのたんけん』（中川李枝子作、山脇百合子画、学習研究社、一九七一年）というよみもののシリーズにすっかりと影響を受けて、その本にもあったようなぼうけんの地図を家の周りにあてはめてつくったり、これは今でも売れていますが、『いやいやえん』（中川李枝子作、大村百合子画、福音館書店、一九六二年）のように、幼稚園の裏が急に山になっていて、そこにおおかみやくまがいないかなどと夢想していたり、そのころが自分の記憶にある「本の原風景」とも呼べるものだと思います。

他の子どもと一緒に遊ぶことがあまり好きではなかったので、一人でいることが多い子どもであり、自分の世界に好きなだけいることができた本は、自然と手にしていました。小学校に上がるころには、兄が持っていた学習漫画の「ひみつシリーズ」（学習研究社）は三〇巻くらい読破しており、そこに書いてあったことは知識として覚えていました。一人で図鑑や漫画を読んでいると時間を忘れ、部屋が暗くなっても同じ姿勢で読み続けていたので、そんなことをしていると目が悪くなると、よく叱られました。

両親は読書家というほど本が好きというわけではありませんでしたが、どこかの書店のカバーがかかった戦記物の文庫本がそのあたりに置いてあったり、両親の部屋には、いつも図書館のシールが貼ってある本が二、三冊置いてあったりと、家のなかで本は「良いもの」として受け入れられていたような気がします。家から歩いて一〇分くらいのところに、山陽電鉄の駅が二つあり、どちらの駅前にも本屋がありました。

どちらの店も今のTitleよりも小さな店だったと思いますが、小学校に上がったころには母親と行くと、そこに置いてあるものから一冊自由に選んで、買ってもらった記憶があります。その店が特に小さいとか、ものが少ないとか思ったことはありませんでした。何を読んでもそれなりに面白く、選り好みをするというよりは、選り好みをすること自体を知りませんでした。

家にあるものをずっと繰り返し読んでいたので、学年が上がるにつれて、読むものがなくなりました。それが原因かどうかはわかりませんが、知的好奇心もなくなり、小学校のころはクラスでも一、二番だった成績が下がり始め、中学に上がったころは、中間から少し下と、まったく目立たないものになりました。読むものといえば、父親が毎週、電車の網棚から置きっぱなしのものを見つけて持って帰ってくれる『週刊少年ジャンプ』だけでした。一人でいることが好きなのは変わりませんでしたが、自分には特別なところもなく、普通の子どもだったことに気がついて、子どもなりに、少し周りの輝きが失せたように感じられた時期でした。

緑と青の水玉の表紙

本に出合いなおしたのは、浪人生のときの電車のなかでした。高校時代もあまり勉強せず過ごし、現役で受かった大学はありませんでした。なんかぱっとしないなと思いながらも、少し人よりは違うことをしているといいたかったのか、みんなが通っている神戸の予備校ではなく、片道一時間かけて大阪の予備校まで通いました。

行き帰りの電車のなかでまではテキストを広げたくなかったのと、毎日ぼんやりするには長い時間だったので、いつしか道中では文庫本を読むようになりました。

そのころは戦国もののような歴史小説が好きだったので、春先は家の近くの本屋でも置いてあった司馬遼太郎のような読みやすい本を読んでいたのですが、緑と青の水玉の端正な表紙にひかれて、ある日ふと手にとった『ナイン・ストーリーズ』（J・D・サリンジャー著、野崎孝訳、新潮文庫、一九八一年）を読んで、完全にその魅力にとりつかれました。翻訳文体に特徴的な、普段の日常会話では絶対使わないような言い回しやレトリックの数々。聞いたこともなく、とても洒落ているように見えた固有名詞……。その意味がわかったとはまったく思えませんし、子どもと海岸でバナナフィッシュの話をしたあと、ホテルの部屋で自殺するのも訳《わけ》がわかりませんでしたが、わからないことがそれだけ格好良く見えました。それからは、ひたすら新潮文庫の外国文学のシリーズを読むようになり、サリンジャー、フィッツジェラルド、ヘミングウェイ、スタインベックなどのアメリカ文学の古典を読み進めていったあとは、ドストエフスキーやカフカ、カミュ、ディケンズなどアメリカ以外の文学にも手を伸ばしました。

しかし残念ながら、そうした作家たちの本は家の近くの本屋には置いていませんでした。家から予備校までのあいだに、そのころ関西でいちばん大きい書店といわれていた紀伊國屋書店梅田店（現・梅田本店）があったので、いつの間にか授業が終われば毎日通うようになりました。紀伊國屋では、最初は文庫本を主に見ていたのですが、だんだん飽き足らないようになり、外国文学の棚や、哲学・思想の棚などを見るようになりました。家の近くの本屋では体験することがなかった「自分の知らないことがこんなにもあるんだ」という気持ちを、そのとき激しく思ったような記憶があります。

当時はポストモダンや記号論などの本が流行っていた時期で、熱に浮かされたようにジュリア・クリステヴァや今村仁司《ひとし》などの高い本を高いとも思わず買っていました。そのときに感じていた自分の知らないこと、知識への純粋な欲求は、幼児期に一人で一心不乱に図鑑やことわざ、百人一首などを暗記していたころの気持ちと、よく似ていました。読んだ本が一冊増えていくごとに、自分が一つ賢くなったようで、達成感がありました。

受験勉強もそこそこに、こうした本の楽しみを覚えましたが、それは同時に書店で過ごす時間の楽しみを覚えたときでもありました。紀伊國屋の梅田本店、ジュンク堂の三宮店、家の近くでいちばん大きかった須磨書房のどこかには、毎日必ず寄って、買っても買わなくてもふらふら店内にいるだけで満足でした。

結局一浪の末に、なんとか早稲田大学に入り、東京に出ることになりました。それまで東京のイメージはまったく何もなく、特に憧れていたというわけでもないのですが、受かった大学のなかでいちばん偏差値が高かったという理由で上京しました。早稲田は当時の東京の大学のなかでは珍しく、一年から都心にキャンパスがあり、そのなかにいることができるということは、多くの本やお店に触れることができて、今考えてみても良いことだったと思います。

本そのものよりも好きなこと

大学にひとたび入ってしまうと気が抜けたようになり、一年の夏休みが終わるころには、ほぼ授業には出なくなりました。それでも卒業する意欲だけは残っていたのか、三年の終わりのころからあれこれと手を尽くした末に、結局五年かかってしまいましたが卒業できました。

勉強への欲は早々にしぼんでしまいましたが、本は読み続けました。早稲田の町は古本屋街を抱えているので、店先の一〇〇円、なかには五〇円という本を大量に買っては、昼間から読んでいるという生活。本を読んでいないときはたいてい映画館のなかにいました。早稲田には当時名画座が二軒あり、週替わりでフェリーニや、ゴダール、ルビッチ、小津など過去の名作を二本立てでやっていました。一〇〇〇円払って半日は過ごすことができ、二本観たあとは外はすでに暗くなっており、頭がどろどろになりながら家に帰りました。

そのころ行っていた新刊書店は、大学に近い高田馬場の芳林堂書店、新宿の紀伊國屋書店などが中心でしたが、大学と池袋のあいだにある雑司が谷のアパートに引っ越してからは、もっぱら池袋の西武百貨店のなかにあったリブロ池袋本店に通いました。

そのころのリブロは西武百貨店のイルムス館と呼ばれていた建物（現・別館）の地下一階、二階にあり、特に地下一階のアートフロアは、わざと照明を落とし、動線もわかりにくくしたうえで、難解な本からわざと目につくように売っているという仕掛けがそこかしこにあり、通常の書店に慣れた目には、非常に斬新に映りました。好きだった外国文学の棚も、ジャック・ケルアックの本の隣にマリファナの本、さらにはケルアック、ギンズバーグなどのビート・ジェネレーションの作家たちが写っている洋書の写真集――とジャンルを超えて渾然一体としたものであり、「日本の書店でも、こんなところがあったのか」と本当に驚き、かつ行くたびにわくわくするような場所でした。

大学も卒業の見込みが立ち、さて卒業したらどうするのだろう、と真剣に考え始めたとき、〈本〉以外の選択肢はまるで思い浮かびませんでした。学生時代のアルバイトはビルの解体、塾講師、コンビニ店員、引っ越し業者、チラシのポスティングなど何十種も行いましたが、学生時代を通じてずっと続けていたのは「こぐま社」という、児童書出版社での仕事でした。そこでは本の出荷が主な仕事でしたが、本が売れていく雰囲気を何となく感じとったり、印刷され、製本された本の匂いのなかにいることが、自分にとって自然な感じがしていました。

そうしたこともあり、本の仕事といえば出版社の仕事しか思い浮かびませんでしたが、あるとき出版業界に関して書かれている業界本をふと手にとって読むと、「出版流通の現場から」というタイトルで、書店で働いている人がその体験談を語っていました。その人が「書店の店頭では、その時代を自由に編集し、提案することができる」と語っている仕事の内容がとても面白そうで、惹かれました。それまで書店をそんな目で見たことがなく、書店員を自分がする仕事として考えたこともなかったので、その体験談はとても新鮮に感じました。よくよく考えると、自分は本そのものというよりも、本のある空間にいるのが好きなのだなとそのとき初めて気がつき、それからは書店を就職先として意識するようになりました。

書店で働こうと考えたときに、真っ先に思い浮かんだのが、リブロ池袋本店でした。書店の本棚を編集するという仕事は、リブロが最も先鋭的に行っているように見え、そのような空間を自由につくることができるということは、本そのものをつくる仕事に劣らず魅力的に見え、何より自分に合っていると思えました。入社試験もパスし、入社までの三カ月はこちらから頼んで池袋本店のバックヤードでアルバイトをしました。同期入社は二〇名強いて、まだ本が売れていたとされる最後の時代だったように思います。

リブロ入社

リブロにはかつて、業界でも有名だった書店員が数名おり、入社前にもその方々の名前は本や雑誌の記事で知っていましたが、入社した一九九七年には、一人残らずその方たちは退社されたあとでした。正確にいうと、その最後の一人であった田口久美子さんが入社式でスピーチをしてくださり、「ああ、田口さんと仕事ができるのか」と思ったのもつかの間、しばらく経つと田口さんは退社され、リブロの向かいにできる予定のジュンク堂に行ったと聞きました。

社内は経営陣も一新されたあとで、西武百貨店だった親会社もファミリーマートに変わっていました。昔のリブロが好きだった人にとってみれば、残り香のような時期だったのかもしれません。それでも、書店員となった自分には毎日の仕事は楽しいものでした。池袋から西武池袋線で一七分の大泉学園駅にある大泉店が最初の配属先でした。「西武」と名前は付いていましたが、実際は「西友」が運営していた不思議な店のなかに入っており、広さは一二〇坪ぐらい、ジャンルは万遍なくとりそろえているという、いわゆる郊外型といわれるような店でした。

その規模でも、配属されたときに「社員」と呼ばれるフルタイムのスタッフが店長含め八名いたので、今、考えるとまだ本が売れていた良い時代だったのだと思います。現在はその規模だとおそらく、二、三名で回している会社が多いのではないでしょうか。それだけ人がいたので、初めて持たせてもらった担当も、「学習参考書」の一ジャンルだけでした。

学習参考書は、当時は新人に仕事を覚えさせるのに良いジャンルだといわれていました。春は辞書と教科書ガイド、夏休みはドリルに受験校を決める学校案内、入試直前からは高校、大学の学校別過去問題集と季節により売れ筋が大体決まっており、前年のデータを見ながら欠品がないように商品をそろえていくということが品ぞろえの基本になりますが、文芸書や人文書に比べると地味です。

文芸書や人文書は、有名な著者の作品が日々出版され、一般の方がイメージする「本」に近い書店の華といわれるジャンルですが、それらの仕入にはやはり経験がある程度必要であり、「過去にこの作家のエッセイはどのくらい売れており、この出版社から出るものは大概名作が多かったので、今度の作品も売れるだろう……」といった判断が一瞬にしてつかないと、正確な仕入数は付けられない（＝決めることができない）ものです。

学習参考書は「自由自在」「くもんのドリル」「英単語ターゲット」など、自分が使用してきた商品が現役として当時も発売されており近しい感じがしていました。新学期などのハイシーズンには、『ジーニアス英和辞典』のような商品は一日一〇冊以上売れることも多く、裏に箱のまましまっていた辞典の山を店頭に補充するやいなや、その本がたちまち売れていくという何とも言えない気持ち良さがありました。若い社員には早く仕事を覚えてもらおうという気持ちからか、当時の取引取次だったトーハンの本社や、神保町にあった専門取次の倉庫などを見学させてもらったときは、先方に「ま、がんばれや」とそのまま居酒屋に連れていってもらったりと、今、考えると業界全体に随分ゆとりがあったように思います。

大泉店には三年いましたが、学習参考書や、雑誌、趣味生活書など主に実用的な本を担当しました。その間仕事に関する知識はひととおりつきましたが、書店員としてはやってあたりまえという仕事であり、入社前に考えていた「棚の編集」というものに代表されるような、いわゆるリブロっぽさとはまったく違うところで仕事をしているように思いました。そのころから、仕事に関しての自我が芽生え始めたと思います。

どことなく、毎日に物足りなさを感じているときに、九州に大型店が連続してできるので、そちらに行ってくれないかという話がありました。出身地の神戸と、大学で上京してからの東京と、二つの街しか知りませんでしたが、まったく思ってもみなかった土地に住めるということは、不安よりも先に、本当にわくわくしました。配属先の福岡が第三の故郷になるということも、そのときはまったく想像もしていませんでした。

福岡、広島、名古屋

当時リブロは、福岡の老舗百貨店・岩田屋が新たにつくった「Z・SIDE」という、若者向けの新館の最上階に福岡店を構えており、新鮮な店舗デザインや、アートやえほんなどを中心としたリブロのそれまでの強みを活かした商品構成が九州のなかでも話題となっており、大分や熊本など各県の百貨店からも出店の要請がきていました。その流れから、二〇〇〇年には同じ福岡県に久留米店、福岡西新《にしじん》店を開店させ、大分の郊外に大分わさだ店を相次いで出店し、自分は久留米店の開店にあわせて副店長で行くことになりました。

地方は都市部とは異なり店を大きく構える傾向にあり、このころ九州にできたリブロの店もすべて三〇〇坪以上で、急に倍以上の大きさの店に行くことになった自分には随分大きく感じられました。フェアやイベント用のスペースを広くとっていた久留米店では、文芸書などのジャンル担当のほかにも、その企画・運営などの営業面から、アルバイトの管理、伝票管理などの総務・経理の仕事まで店全体の運営にかかわることになりました。

久留米では中古車を買って、休みの日になると、福岡、佐賀、長崎、熊本、大分、鹿児島など観光がてらその土地の書店めぐりをしました。東京にずっといれば絶対知らなかったであろう土地をめぐり、あとで道路地図を眺めて「そこまで行くことができた」と思い出すのが楽しみでした。そこで見た書店の数々が、どれだけ当時自分の売場づくりに役に立ったかどうかはわかりませんが、ある程度量を見たことが、文字どおり自分の仕事の肥しになったと思います。たとえばある店では歴史書の品ぞろえがいいので、そのなかから自分の店に合いそうな商品を二、三メモして、それを自店の品ぞろえに加えていくということもあるでしょうし、ブックフェアなどをきれいに並べている店では、陳列方法や器具などが参考になることもあります。さまざまな事例を見ていることは、それだけ自分が想像できる店の幅が広がるということなので、その人の隠れた力になります。

福岡では、久留米以外にも、競合店が撤退して、売上が急速に伸びていた西新の店にも短い期間でしたが行くことになりました。福岡西新店は近所に住むご年配のお客さまが中心の店でしたが、西南大学が近くにあり大学生も多かったのでさまざまな商品を求められました。ちょうど『ハリー・ポッターと炎のゴブレット』が出るということで、世の中でも話題になっており、高額（上・下巻セット、本体三八〇〇円）だったので、逃す手はないと予約数をレジカウンターに掲示したところ、それまで週に一〇冊程度だった予約が三倍くらいに伸び始めました。本によっては、品良くしたほうが売れるものと、多少俗っぽく売ったほうが売上が伸びるものとあり、お客さまとのあいだで気どらない雰囲気ができあがっていた福岡西新店では、徹底的に俗っぽくやるべきだなと思ったので、週替わりで累計の予約数が、エスカレーターを上ってきた先の入口で、まず大きく目に入るように掲示していった結果、お客さまのほうも過熱気味になり、最終的には予約数は七〇〇セットを超えて、チェーン内でも九〇〇セットの予約をとっていた池袋本店の次になりました。予約の金額だけでも二八〇万円ほどの売上になるので、当時の店長は喜んでいましたが、私は地方の店が、東京の絶対的な本店の数字を抜くというどこか胸のすくような妄想をしていたので、少し不満が残りました。

福岡の店で三年働いたあと、広島のパルコのなかに入っていた店に異動になりました。二〇〇〇年にパルコブックセンターがリブロと統合することになり、人事交流が進んでいました。広島店はそれまでパルコブックセンターとしてずっと営業してきた店でした。屋号をリブロに変更し、四〇〇坪に拡大して改装したのですがあまりうまくいかず、もう一度半分以下の一八〇坪にして縮小改装をするという時期でした。

広島には初めて店長として赴任しました。行く前は四〇〇坪と聞いていたので、自分もいよいよ大型店の店長かと喜び勇んで行ったのですが、初めてパルコの店長室に挨拶に行ったときに、隣に座っていた上司であった役員がいきなり店の図面を広げ始め、パルコの人と店の改装に関する打ち合わせを始めました。外に出たときに自分が何か言いたげな顔をしていたせいだと思いますが、役員から「実はこの店は縮小改装するんだ」と聞かされたときには、大型店の店長になる自分のイメージはもはやどこにもありませんでした。

全国にチェーン展開しているような会社は、通常は全国均一の店づくりを目指すと思います。そのほうが管理もしやすいし、コストもかからないからだと思いますが、リブロは伝統的にそのあたりは非常にゆるい会社であったというか、そこが良いところでもあり、何事も店長の自主性に任せるというところがありました。広島店は洋書や芸術書などに力を入れた品ぞろえをしており、店が拡大したことによりその面白みが薄まってしまったことが売上不振の原因とされていたので、もう一度商品構成を考えなおすということが、課せられた仕事かなと思いました。

改装にあたり、まずそのコンセプトづくりから自分で考えなければなりませんでした。当時はいわゆる「暮らし」の丁寧さを推奨するような、それも紙面の余白を充分にとった「白っぽい本」の創成期でもありました。『anan』が別冊で『ku:nel』を試し、大橋歩《あゆみ》さんが自作の『Arne』を出し始めたころであり、名前はまだ付けられていませんでしたが（のちに「ライフスタイル」というわかったようなわからないような名前に自然と収まりました）、そうした大きな流れを感じるような時期でもあったので、店の商品の括《くく》りも既存のリブロの分類をやめて、もう少し大きな「ART & LIFE STYLE」とか「WORDS」などという大きな分類で括り、そのなかにハードカバーの本も文庫本も一冊ずつ選んできて、それぞれの本の内容に合わせて置き場所を決めていきました。文庫は一旦店内の在庫を返品し、全商品が載っている一覧表を小さな版元まですべて取り寄せて、担当と私とで面白いと思えるものを選んでいきました。当時はまだそうした今でいう「セレクトショップ」が少なく、京都の恵文社一乗寺店や、当時は代官山にあったユトレヒトなどがそれに近いことをしていたので、そうした店のインターネットのサイトを見て使えそうなカテゴリーや本を選んできて、広島店の分類のなかに組み入れていきました。

リニューアルオープン時の店内のフェアを見てみると、『ku:nel』、100% ORANGE、ディック・ブルーナなどの企画がメインであり、デザイン、イラストレーション、かわいらしさをとり入れたような広島店のコンセプトが出ているものになったと思います。それ以降も、まだデビューしたころのえほん作家のcolobockle（たちもとみちこ）さんに広島まで来てもらい展示会をやっていただいたり、若い女性に人気があったインターネット古書店の海月《くらげ》書林のリアル店舗を店内につくったりと、直接つくり手の方にアプローチして独自に企画を立てるというやり方をしていった時期でもありました。

広島店は地方の店のためか、全国的に話題になることはありませんでしたが、行ったことのある人には今でもたまに「実は広島の店が大好きでした」と言われることが多い店です。私もリブロでやった仕事のなかでは、好きと思える仕事であり、今の仕事とも直結している仕事だと思っています。余談ながら、現在広島で「READAN DEAT」という本とうつわの店の店主をしている清政《せいまさ》光博さんは、このころの広島店によく来てくれていたそうで、それから数年後に閉店した際に、「広島からこんな店がなくなるなんて」と思い、今の自分の店を始められたそうです。二〇一四年に彼のインタビュー記事を読み、それを知ったときは嬉しかったですし、こうして自分も店を始めている今となっては、思わぬところでつながり合っているのだなと思います。

なお、広島在任中には結婚することにもなりました。妻とは福岡時代に知り合い、少しの遠距離恋愛期間を経たあと、妻の実家がある福岡で式を挙げました。それまで福岡を出たことがなかった彼女ですが、その後広島、名古屋、東京と知らない土地へと移り住んでいくことになります。


名古屋に転勤になったのは、広島の運営が一段落ついたころでした。名古屋の店もパルコブックセンターから引き継いだ店であり、広さは約三〇〇坪、売れていた商品を見ても、広島と似ていたので、売場の広さが倍近くになるとはいえ、店づくりに関しては基本的には同じエッセンスの延長で行えばよいだろうと考えていました。

名古屋市の人口は二〇〇万人を超え、岐阜や三重まで広げるとかなり大きな商圏になるので、同じようなことを行っても、広島とはお客さまの反応の大きさが違いました。東海地方に地盤を持つ地元書店チェーンはいくつもあり、そうした有力チェーンと、紀伊國屋書店やジュンク堂、三省堂書店といったナショナルチェーンの店長が集まる会合が、地場の中日新聞主催で年二回ほど行われていました。出版社の新刊案内を聞いたりしたあと、会食が行われるのですが、いつもただ食事をして解散し、何かもったいないなと思っていました。

そのころ、自分のかつての勤務地、福岡では地元の小さな本屋ブックスキューブリックを中心にして、「ブックオカ」という本のイベントが始まっていました。新刊書店や地元出版社などが中心となり、期間中作家を招いてのトークイベントや、競合店の垣根を越えた書店共同開催のブックフェア、その他商店街を使っての公募制の古本市など、約一カ月の期間中街ぐるみで本を盛り上げようとするイベントです。街ぐるみでのブックイベントということが、そのときの自分には想像もつかなかったことであり、しかも中心となって取り仕切っているのが、街のなかでもとりわけ小さな本屋の店主であるということに衝撃を受けたことをよく覚えています。名古屋も主な書店の店長同士はみな顔を知っていても、一緒に何かをするわけではない。ただ集まって酒を飲むのも良いのですが、それを何かにつなげないともったいないなと思っていたころのことです。

名古屋店で当時アルバイトをしながら、新刊や古本、そして個人がつくったリトルプレスを多数扱う自分の本屋「ON READING」を運営していた岩上《いわかみ》（現・黒田）杏子さんと夜遅くにレジのなかで雑談をしていたのですが、彼女は「リブロの店内でいろいろな店が出店するような古本市をやりたい」と話し、話しているうちにそれがエスカレートして、名古屋でもブックオカのような本のイベントがやれるのではというに話になっていました。私は中日新聞の集まりなどに来るような新刊書店には話が通せるし、彼女は雑貨屋やカフェなどの店を個人でやっている知り合いが多かったので、それを組み合わせれば大小問わず数多くの店が参加するイベントが可能ではないかと思いました。それで、まずそれぞれ知り合いの店に声をかけながら参加店を集めました。またブックオカは休日を使って見に行き、ブックスキューブリックの大井実《みのる》さんや当時は石風《せきふう》社という地元出版社（現在は忘羊社を立ち上げ）にいた藤村興晴《おきはる》さんなど中心となっていた人たちに、いろいろ話を伺いました。

こうしてON READINGとリブロ、他に古書店のシマウマ書房や当時は古本カフェという業態で営業していたcesta（ツェスタ）、フリーマガジン『SCHOP（スコップ）』を実行委員とした名古屋のブックイベント「BOOKMARK NAGOYA」第一回が二〇〇八年に開催となりました。期間中は名古屋の書店、古書店、雑貨屋、カフェなどが四〇店舗ほど参加し、本にまつわるさまざまな企画を催しました。「BOOKMARK NAGOYA」はその後も商店街で古本市を行ったり、名古屋のシンボルのテレビ塔でイベントを行ったりと、当初の企画目的であった「本が街に飛び出す」を実現させながら、二〇一六年で九回目となる継続したイベントとなっています（二〇一七年で幕）。「BOOKMARK NAGOYA」のような地域でのブックイベントは、現在全国の各都市で行われています。イベントの主催には、福岡のブックスキューブリックや、仙台のbook cafe 火星の庭など、個人店の店主が関わっている場合が多く、一軒の店がその街とどう関わっていけばよいのかを考えさせられます。「BOOKMARK NAGOYA」の初代実行委員のうち、会社員という立場で関わっているのは自分だけでしたが、街で活動している店主たちを見ていると、いつかはこの街を去っていくことが少しもの足りなく思えました。同じ街でずっと店を続けることで生まれてくる、その街との関わりというものが、自分の仕事のなかにはなく、「自分で店を持つようになれば、いつかはそうした街との関わりを実感できるのだろうか……」と当時からぼんやりと思っていました。

名古屋ではそうした本の地域イベントや、数多くの店内での企画を行っているあいだに、瞬く間に時間が過ぎていきました。イベントを企画すると、そのオファーから連絡のやりとり、イベント当日は同じ時間を過ごすことにより、さまざまな著者さんとのおつきあいが増えてきます。「さて、来年はどなたをお呼びしようかな」と考えていたときに、当時の池袋本店の店長から名古屋に電話があり「来年大がかりな改装をするので、お前を呼びたいと思っている」と言われました。

寝耳に水ではありませんでした。名古屋でもたくさんの人と出会うことができて、書店以外の知り合いも増えて街とのつながりも感じられるようになっていたので、ここで転勤するのは残念でしたが、池袋本店は在庫している本の種類の多さ、販売数ともにリブロの他の店とは比べものにならず、本を売ることに関してまだ自分の知らない世界が数多く残っているように思えたので、それを考えると面白そうでした。三〇〇坪が一〇〇〇坪に増える以上の意味が池袋本店にあったことは、実際にその場で過ごして初めて思い知りました。

「池店」の濃密な日々

池袋本店は社内では「池店《いけてん》」と呼ばれていました。それは入社前にアルバイトでバックヤードの仕分けをしていたころからそうであり、リブロでは池店と他の店との違いというものが、口には出されなくても歴然としてあり、池袋は別格であるという価値観が代々会社のなかで受け継がれていました。

いわゆる栄光の時代が過ぎても、その伝統はどこかに残っており、「リブロ池袋本店」で働くのだということは、どこか誇らしくなるような響きがあったように思います。会社の売上の大きな割合を占めている店でしたから（当時リブロは全国に八〇店舗ほどありましたが、池袋の占める売上の割合は一店舗で二割近くありました）、結果の責任は大きなものでした。異動になった二〇〇九年夏は、ちょうど改装の真っただ中で、店内の半分は閉まっており、商品を入れている最中でした。

リブロ池袋本店は一日四〇〇〇人近くのお客さまが買い物をして、スタッフはアルバイトまで含めれば一〇〇名以上が働いている店です。別館・書籍館という二館構造で、フロアは計八フロアで構成されています。そのわかりにくさから、店の入口にはコンシェルジュと呼ばれる案内係が配置され、各フロアには主任と呼ばれるフロア長がおりました。

そのフロア長の上で、マネージャーと呼ばれる者たちが、担当フロアの運営をしていました。自分は八フロアの内、専門書を中心とした四フロアを管轄することになったのですが、自分の机さえない状態であり、廃棄されかかっていたものを慌ててキープして、バックヤードの図面を変えて無理やり場所をつくりました。異動する前に先輩から「池袋は自分の居場所は自分でつくるところだから」と言われたことがありましたが、リアルな場所まで本当に自分でつくらないといけないとは思いませんでした。

池袋本店のマネージャーには、決められた仕事はほぼありませんでした。特にレジに入るわけでもないし、食事はいつ行ってもいいし、好きなように外出することもしばしばありました。そうした仕事上の自由を与えられたときに何から始めるかは、その人の仕事に対する姿勢を現すものだと思います。多くの書店員は、商品の品切れをできるだけなくしていくということから始めるでしょう。それは書店員の基本の動作であり、特にお客さまが「ここには探している本があるだろう」と思ってくる大型店では、いかに売れている商品を突き止めて、早めにそれを確保するかということに力を注ぐからです。

しかし、自分の担当であった専門書を中心としたフロアは、いっときに売れる数が文芸書や文庫に比べれば少なく、各フロアの担当者にベテランのスタッフが多かったこともあり、自分は商品の確保をするよりは、大型店らしい、店の流れをつくる以下のような仕事を心がけました。

リブロは開店当初からの伝統として、人文書・芸術書といったようなジャンルが強く、そうしたジャンルを横断しながら、浅田彰や中沢新一、吉本隆明など当時思想界の最前線にいた人たちを次々と店に呼び、トークイベントを行っていました。

そうした仕事を手掛けていた人が次々と会社を去り、しばらくのあいだはそうしたイベントは誰も積極的には行っていませんでした。当時には及びもつきませんが、変容する現在を読み解く知の見取り図をつくるという意味の、cartographia（カルトグラフィア。地図をつくる）というジャンル横断の棚を人文書のフロアに設けて、そのなかで他の書店ではほとんど行っていなかった若手思想家に光を当てるようなブックフェアや関連のトークイベントを次々と行っていきました。國分《こくぶん》功一郎、中島岳志、古市憲寿《のりとし》、坂口恭平といった人たちも、何回も店に来ては、対談相手を次々と変えながらトークを毎週繰り広げました。

どんなにすばらしいブックフェアもイベントも、単発で行うだけではその場だけのものでしかありませんが、同じ流れのものを繰り返し行うことで、店の姿勢をお客さまに自然と伝えることができます。それは自分が注目している人を追い続け、その人の新しい面をさがして、店頭のフェアやイベントというかたちにするということです。その場合あくまでも書店の自主的な企画であるということが大事です。自分たちでやりたい企画を続けていくうちに、出版社や著者からの企画も寄せられていくものですが、最初から他からの企画をあてにしていると、その店の芯となるようなものは何も生まれないからです。

「未来を拓く本の力」というサブタイトルが共通のシリーズ名となったフェアの企画があります。東日本大震災から一年経った二〇一二年三月、「3・11以後の本と私たち」と題して、さまざまなジャンルの有名人にあのときから読んだ本で印象に残っている三冊を挙げてもらい、コメントをもらいました。そのことで、その一年がどういうものであったのかということがおぼろげながらにも見えるような企画になればよいなどという意図でした。集まったのは三三名、小説家・思想家・科学者・漫画家などさまざまな人でした。なかでも現代美術家のオノ・ヨーコさんが企画を受けてくださったのには驚きました。名前の大きさに臆することなく、しっかりと企画書を作成し、こちらの意図を伝えることで受けてくださる方も多いのだなと思いました。

この「未来を拓く本の力」という有名人に三冊を挙げてもらうフェアは、cartographia の棚の名物企画となり、毎年テーマを変えて行われ、二〇一五年三月の「新しいリベラルアーツのためのブックリスト」まで続きました。書店の店頭は、自然にその時々の世相や流行する考えなどが反映されているものだと思いますが、そこに個人の考えが入っていても良い、むしろ入ったほうが面白いとはそのとき感じたことです。

他にもリブロでは西武百貨店の催事場を使ったさまざまな企画を行っていました。二五店舗が参加する古本市「リブロ池袋本店古本まつり」の開催は二〇回以上を数え、初日の朝には毎回一〇〇人以上が並ぶ恒例企画でした。百貨店の催事場を使った古本市は珍しいものではありませんが、そのなかでもリブロ池袋本店古本まつりでは、若い人に人気のある古書店に参加してもらうことで、昔からの古本マニアのなかに、少しずつ若い人が混じっていくという面白い光景が現れました。

催事場では他にも、年に数回漫画家の大規模な原画展を行いました。萩尾望都、羽海野《うみの》チカ、ちばてつや、諸星大二郎、石川雅之などの漫画家の原画が会場を埋めつくす光景は圧巻でした。展示内容づくりやプロモーションはイベント会社と連動して行い、自分は企画段階からその内容構築に関わりました。なかでも二〇一一年の夏に行った羽海野チカ原画展「ハチミツとライオン」は三万七〇〇〇人が来場し、混み合う時間帯には入場の待ち時間が二～三時間にもなる人の入りでした。コミックは書店のなかでも他のジャンルとは異質で、来店されるお客さまも他とは重ならないことが多いのですが、このときほどその動員力やコンテンツの力を思い知らされたときはありませんでした。

こうした催事企画は、入場料や会場限定で販売したオリジナルグッズ、関連の書籍の売上を足すと一週間でも数千万円の売上になります。売上をつくるための大きな武器になるだけではなく、それをリブロ池袋本店が行っているというパブリックイメージの向上にもつながります。原画展期間中、自分はなるべくツイッターでの情報発信や、リブロ店頭での連動フェアなどを多く行い、原画展と書店本体との一体感を出すようにしました。

池袋本店に配属になったときに、入れ替わりに出ていった先輩から「池袋は他の店とは流れる時間の密度が違う」と聞かされましたが、まさにそのとおりで、日々売れていく商品を切らさぬよう注文し、毎日のように一〇人から一〇〇〇人単位までのイベントを行い、これも日々発生するクレームに対応し、体調が悪くなった方の救急対応（消防総監賞をいただいたことがあります）まで、目まぐるしく変わる毎日を過ごしていましたら、気がつけばあっという間に五年の時が経っていました。そしてそのころには自分自身もそうですが、この池袋本店も大きな岐路に立たされていました。

閉店

池袋本店に異動になった当初より、社内では「二〇一五年問題」が、時折話に上っていました。リブロは西武百貨店とテナントとして賃貸借契約を結んでいたので、その契約が切れる二〇一五年に引き続いて契約の延長ができるかという話です。テナントとして特に問題がなければ、契約延長が通常の話かもしれませんが、そのころにはリブロの親会社になっていた日本出版販売と、西武百貨店の親会社であるセブン&アイ・ホールディングスの鈴木敏文会長（当時）の出身会社であるトーハンがライバル関係にある会社なので、再契約は難しいのではないかという噂もまことしやかにささやかれていました。

どういう話がそこで行われ、どういう理由でその結論になったのかはわからないままです。リブロと西武百貨店の関係者が話し合いを重ねた結果、リブロは再契約を望みましたが、西武百貨店はリブロとは継続してのテナント契約を行わないという方針を出しました。何度訊いても、その理由に関しての詳しい説明はなされなかったとのことでした。そのことはまず、店長とマネージャーに知らされ、その後順を追ってスタッフに知らされるはずでしたが、そのスタッフへの説明会を予定していた日を待たずして、「出版状況クロニクル」というブログが二〇一五年三月一日に「複数の確実な情報筋によれば、リブロ池袋本店が6月で閉店するようだ」とした記事を突如出し、それに毎日新聞が三月四日に追随したので、スタッフに説明会で説明する前に、皆が知るところとなってしまいました。

書店が一店閉店する、そのことはそこで働く人にとっては、明日からの仕事がなくなる、そしてお客さまにとってみれば、よく行っていたあの場所がなくなるということでもあります。正社員は他の店や本部に配属になりますが、一〇〇人近くいる契約社員、アルバイトは会社もすべての人に職をあてがうことが難しく、そのほとんどがそこで退職となってしまいます。希望する人には、他の書店チェーンでの募集を紹介したり、西武百貨店内での仕事を会社が斡旋したりしました。通常、店舗が閉鎖するときは、「ここにいても仕方がないから」と、途中から他への就職を決めた人が抜けていき、最後は少ない人数で店を回すということが多いのですが、池袋本店のときには、途中で辞める人は想定していたよりも少なかったように思います。自分もそうでしたが、こうした歴史のある店の最後を見届けたいという気持ちがどこかにあったのではないでしょうか。

閉店が決まったあと、自分が考えたことは「どのように池袋本店を終わらせるか」でした。言い方は悪いかもしれませんが、ひとたび閉店が決まった店は、ある種の「何でもあり」な状況になります。売上予算などの日常から解き放たれたとき、店は当初そうありたかったものと向き合えるのかもしれません。

リブロ池袋本店は、前身の西武ブックセンター時代から数えると四〇年の節目の年でした。そうした年月の厚みや、一時は隆盛を誇った時代などを考えれば、それを振り返りつつ、池袋が残したものを未来につなげるような店頭をつくるしかないのではないかと考えました。最初にとりかかった企画は書籍館一階のcartographiaで行った「本棚から見る、リブロ池袋本店の40年」という企画で、この四〇年のリブロの歩みを、その時々のベストセラーや社会の事件とともに振り返ろうというものです。浅田彰『構造と力』（勁草書房、一九八三年）、中沢新一『チベットのモーツァルト』（せりか書房、一九八四年）、東浩紀《あずまひろき》『動物化するポストモダン』（講談社現代新書、二〇〇一年）などが並んでいる棚を見ていると、それらの本が輝いていた時代があったことが想像できて、胸に迫るものがありました。このフェアの隣にはセゾン現代美術館の協力を得て、リブロを実質始めたともいえるセゾングループ元会長・堤清二＝辻井喬の写真パネル、生原稿、愛用していた日用品などの展示を行いました。

書籍館二階では、これも特にコアなファンの多かった詩の本の店〈ぽえむ・ぱろうる〉の復活企画を行いました。〈ぽえむ・ぱろうる〉はリブロのなかにありましたが、正確には詩の出版社である思潮社が経営していた店だったので、思潮社まで足を運び、「今やらないと二度と〈ぽえむ・ぱろうる〉の名前は外には出ないですよ」と小田啓《けい》之《し》社長を説得して、何とか開催にこぎつけました。思潮社にあった、レアな詩集やサイン本、一九六七年からの『現代詩手帖』のバックナンバー一挙お蔵出し。詩集の古書を扱う「石神井書林」の内堀弘さんも、「昔リブロにはお世話になった」ということで、特別に本を出してくださることになりました。

企画が始まった六月一日から、連日〈ぽえむ・ぱろうる〉には人が集まり、こんなに詩を求めている人は多いのかと、改めて思いました。谷川俊太郎さんが来店し、ゲリラ的に店内で詩を朗読するというイベントも行いました。詩人の目に触れた本のなかから、ぱらぱらとページをめくり、気になった一節を読む。それだけで、詩が自然発生する場所を見たような気がしました。

別館の地下一階にあるリブロの入口には、大きな光る円柱が立っていましたが、これは店長の発案で、そこに来店された作家や漫画家などさまざまな書き手にサインをしてもらうことになりました。閉店時まで円柱に書かれたサインの数は日に日に増え続け、毎日その前で写真を撮る人でいっぱいの、話題の場所へと変わっていきました。

そんな折、ライターの木村俊介さんが取材に来られました。そのとき木村さんは、街を起点にして書店の栄枯盛衰を俯瞰するという記事を『週刊朝日』に書いていて、第二回目として、池袋を特集するとのことでした。取材の合間に、木村さんが先に取材していたジュンク堂の田口久美子さんの話になり、田口さんが「でも、今のリブロもよっぽどリブロらしいことをやっているわよ」と話していたということを聞いて、何か胸がすっとしたような気になりました。自分はいわゆる黄金期を知らずに入社したし、それ以降も当時を知っている社外の年長の方からは、ことあるごとに「今のリブロはつまらない」と言われてきたので、働いていた時代も違う会ったこともない人の仕事と比べられてもフェアじゃないと、ずっと反発する気持ちがあり、何をやったところで今の池袋本店は正当には評価されないという気持ちがありました。しかし、その当時を実際に支えた方の言葉を聞いて、最後に大きな流れとつながることができたと胸をなでおろすことができたのです。

閉店が一カ月後に迫った六月二〇日には、最後の企画「四〇年間ありがとう！　リブロ池袋本店歴代スタッフが選ぶ、今も心に残るこの一冊」が始まりました。この「歴代スタッフ」というところが実はこだわったところで、そのときに働いているスタッフだけではなく、池袋本店で一度でも働いたことのある今は社内の別の部署にいる人から、以前に池袋で働いていたがすでに会社は辞めている人まで、働いていたときの思い出と一緒に好きな本を紹介してもらうというものでした。店という場は、実は一つの店をバトン代わりにして、代々のスタッフが後ろにつないでいっているようなものだと、常日頃感じていたから、ぜひとも池店の先輩には同じフェアを共有してもらいたいと思っていました。そうすることが、たまたまその最後に居合わせることになった自分の役割だと思いました。

いろんな人のつてを頼り、声をかけてもらって、一二〇人の現役+OBの選書とコメントが集まりました。四〇年前の設立当初のお店にいた人や、今は違う書店で働いている人、「会ったことはないが、こんな企画をしてくれてありがとう」とメールをいただいた人、さまざまな人がいて、書き写しながら卒業文集の編集をしているみたいだなと思いました（のちに皆さんのコメントをまとめた紙をそれぞれにお送りしました）。

閉店日の七月二〇日が近づくにつれ、コンシェルジュとして店頭に一時間立つだけで、何人ものお客さまから「昔からこの店が好きだった」「ずっと利用してきた」などと声をかけていただきました。普段、お叱りの言葉を受けることはあっても、褒め言葉をいただくことはあまりないので、声にはならないけど、こんなにたくさんのお客さまから愛された店だったのか、と強く思いました。

二〇一五年七月二〇日はよく晴れた一日でした。朝からテレビ局や新聞社が取材に来て、店長やマネージャーは交代でその取材対応や、次々と来店する取引先へのご挨拶に追われました。朝から人でごった返していた店内は、昼過ぎからさらに人が増えたようで、入口の光る円柱はその前で写真を撮る人でいっぱいでした。終日、店内で誰かに会ってはそこで話をし、少し歩いてはまた知り合いに会うというような、今考えてもハレのような一日であったと思います。

その日は、閉店後にお客さまが残ってしまうであろうことが予想されたので、閉店一時間前には本部の人も呼んで、交通整理の段取りを打ち合わせました。各フロア、最後のお客さまをお見送りしたら、社員は入口の光る円柱に集合し、挨拶をして終わるということになっていました。

閉店まで残ってくださったお客さまは、三〇〇人くらいいたでしょうか。入口はそんなに広いスペースではないのでぎゅうぎゅうになっていましたが、何か別れを惜しむようにじっと残ってくださっていました。最後のお客さまの会計をして、すべてのフロアの正社員・契約社員が入口に集まったところで、社長と店長の挨拶が始まりました。シャッター音がすごく、さまざまな人からツイッターなどで実況中継もされました。最後、皆で深々と礼をしたときには拍手が沸き起こりましたが、惜しむ感情、ありがとうという気持ち、何なのだろうという気持ちでした。

お客さまがそこから帰っていただくのも、少し時間がかかりました。社員は全員その場で記念撮影をしたり、残ってくれた知り合いにそれぞれ挨拶などしていましたが、そのとき、フリーライターの石橋毅史《たけふみ》さんから「紹介したい人がいる」と言われ、その人のところに連れていかれました。古武士のような雰囲気を漂わせたその人は、新潟で新刊書店を経営している北書店の店主・佐藤雄一さんでした。自分はそのころには、親しい人には独立して本屋をすることは伝えていたのですが、勤めていた書店が閉店した次の瞬間に、初めて会ったのが個人で本屋をやっている佐藤さんでした。佐藤さんと話をしていると「ああ、これから違うフィールドで闘うのだな」という実感が静かに湧いてきました。

その日のリブロ池袋本店の売上はあとで精算レポートを見たところでは二二〇〇万円。レジの客数は八〇〇〇人と、自分が知っているなかでは、過去最高の売上になりました。リブロ池袋本店最後の日は、確かに悲しい日ではありましたが、皆笑っており、やさしく、人生のなかで特別な日があるとすれば、こんな日かもなと思わせる最良の一日でもありました。

第2章　萌芽

課外活動

会社員を辞めて、独立した自分の店を持つ。いつかはそうしたいと思って、それに向けて準備していたというわけではありません。むしろ、「そのとき出会った人たちと仕事をしていくうちに、いつの間にかそこに流れついた」というほうが、自然な感覚があります。

勤めていたリブロという会社には、辞める直前も、特に不満はありませんでした。よくいえば社員の自主性に任せる、言い方を変えれば放任主義の会社でしたので、前述した名古屋でのブックイベントや、池袋での著者と組んでのさまざまな企画など、会社に損をさせなければ、やりたいことを勝手にやっていても特に何も言われることがなかったので、やるべき仕事の内容まで指示されることが好きではない自分にとっては合っていたのだと思います。

今は会社に所属していても、別な時間で自分のやりたいことをやっている人、たとえば編集者が自分個人のレーベルの本をつくったり、書店員が自分の勤めている店の外でイベントを主催したりと、〈二足のわらじを履く〉ような働き方をしている人も増えており、人によってはどちらが本業かわからないほど、もう一つの活動が有名な方もいます。独立を考えるにしても、いきなり会社を辞めてしまうのではなしに、そうした〈課外活動〉から始めていくということは、自分の考えていた本の売り方を実地に試すこともできますし、現実的なやり方だと思います。

自分も「BOOKMARK NAGOYA」の実行委員をやっていたころは、休みをとっては同じ本の地域イベントである福岡の「ブックオカ」や仙台の「Book! Book! Sendai」に遊びに出かけ、そこの実行委員と遊びか仕事かわからない時間をともに過ごしました。そうしたつながりが、いざ自分がリブロ池袋本店で画家のnakabanさんに自分の選んだ海外文学の本から想起された絵を描いてもらう展示企画「nakabanの旅するブックシェルフ」を行ったときに役に立ちました。福岡のブックスキューブリックや名古屋のON READING、仙台のbook cafe 火星の庭が企画展の巡回会場になったり、そうした店から新刊書店が通常仕入れないような、その地方にしか出回らない古本や個人製作の出版物などを仕入れたりと、実際の仕事として活かすことができました。

す。

〈課外活動〉でも、普段の自分の仕事に何か活かせるものがなければ、それはよくある〈趣味〉に終わってしまいます。しかしそこで得た人のつながりやスキルなどを、会社員としてやるべき仕事に活かしていくことができれば、その〈課外活動〉は他の人も認めざるを得ない、その人の得意技になっていくと思います。自分もそうした〈課外活動〉を続けているうちに「辻山はそういう奴だから」ということで、あまり何も言われなくなりました。

現在は昔に比べ、社外の人とも簡単につながりが持てる時代になってきています。同じ社内の遠い部署にいる人よりも、何かのプロジェクトでずっと一緒に仕事をしている社外の人とのほうが仲間意識が強かったりしますし、プロジェクトごとに会社が変わるような感覚を持っている方は多いと思います。自分が〈課外活動〉で知り合った店主たちはそれぞれ大変なこともあるかもしれませんが、皆、自由で楽しそうでした。自分の店を持とうと思ったのも、長らくそうした店に客として通っているあいだに感じた店主たちの自由さが、自分にも近しいものとして感じられたからだと思います。

リブロでは、キャリアを重ねるうちに、一般の社員から店長になり、店長も次第に大きな店を任されるようになり、それが首尾よくいけば営業の部長や役員というコースが待っています。それを勤め上げるというのも一つの生き方ですが、ある程度社内にいると、そうなったときの自分というものが見えるような気がしました。書店を経営している会社では、偉くなるに従い書店人から会社員になっていく人、ならざるを得ない状況というものがあります。そして、先が見えて想像できてしまうと、自分には途端にそれが色あせて見えてしまいました。自分はまだ第一線で、その時々に発売される本や、それにかかわる人と仕事がしたいと考えていました。社内に残って偉くなっている自分よりも、もっと輪郭のはっきりした仕事。心の奥にいつの間にか芽生えていた、自分が会ってきた店主たちのように独立して自分の店を構える生き方がまっさらに見えたのだと思います。

母の話

ある日の朝、一本の電話を切った妻が、泣いていました。私の母の胃に腫瘍が見つかり、精密検査の結果、ステージ4の癌だったという診断でした。二〇一三年の四月のことです。　母親は一人で暮らしていたこともあり、それからは一カ月に一回、病気が進んでからは二週に一回、休みをまとめてとり東京から実家のある神戸に帰るようになりました。

　始めは家にいた母も、病気が進行してからは病院で過ごすことのほうが多くなりました。病院では身の回りの世話は看護師さんがしてくれることがほとんどで、話好きだった母は、私がいなかったあいだに起こったことや、自分が死んだあとのこと、診療に来る先生や看護師さんのことを、思いつくままに話していたのですが、二時間くらい話すと疲れたのか、少し横になっていました。そのあいだ、自分は昔からの習慣で話半分くらいで聞いており、外をぼんやりと眺めたりしていました。病院の窓からは、工場や団地などが立ち並んでいる風景が見えましたが、何時間もまったく止まって見えるその景色を見ていると、普段の同じ時間、東京で忙しくフロア間を行き来して働いていることが嘘のようでした。日々を瞬く間に忙しく駆け回るのも、重たい時間を一点から味わって過ごすのも、同じ時間です。自分が気にもとめようとしなかったものがこの世には数知れずあるのだろうと、病院のベッドの脇に何時間もいながら、そんなことを思いました。

東京と神戸の往復は、二〇一四年一月二日に終わりました。その数年前から、池袋本店は元日も営業していたので、年末年始はほぼ出勤していたのですが、その年だけは、おそらくこれが母と一緒に過ごす最後の正月になるだろうと思い、年末から無理を言って休みをとらせてもらいました。暮れの三〇日から自宅に戻っていた母親は、だんだんと苦しそうになり、緩和ケアの先生から処方されていた薬で落ちつかせていましたが、二日の明け方、最後にいびきをかいたと思ったら、次の瞬間には息をしていませんでした。ちょうど隣の部屋で妻と今後の話をしていましたが、「カッ」という大きないびきがした瞬間、「ああ、終わった」と見なくてもすべてが理解できました。

葬儀やそれ以降の手続きなどを済ませ、東京に戻ってきたのは一月七日でしたが、東京はまったく違う街に見えました。もう神戸との頻繁な往復をしなくて済むと考えたときに、やっと重荷から解放された気になりましたが、変わったのは街ではなく自分だったと、それから何日か過ごしてから気がつくようになりました。母親が死んでいくのを見届け、次は自分の番だと初めて身体で実感したのと、自分に残されている時間は無限ではないということもそのとき強く意識しました。

手元にはそんなに多くはありませんが、母親の遺してくれたまとまったお金、マンションの頭金くらいにはなりそうなお金もありました。突然増えた自分の通帳の残高を見ながら、これは自分に宛てられたお金ではないなと思いました。自分はこの年ではもう本を売る仕事しかできないかもしれないけれど、そのお金を使って他の人に喜んでもらうには、来る人がその人自身に戻れるような落ちついた場所、さまざまな人が行き交い新しい知識や考え方を持って帰ることのできるような本屋を、小さくてもよいのでこの世の中に一つつくるしかないのではないかとも、同時にぼんやりと思っていました。

すべてはこのために

会社を辞めて、独立して自分の店を持ちたいということを上司に話したのは、母の葬儀のあと、東京に戻って二週間くらいしたころだったでしょうか。リブロは二月と八月に定期的な人事異動があり、自分がその異動に該当しているかもしれないので、早めに言っておかないと会社に迷惑がかかると思いました。すぐには自分の持っていた仕事も引き継げないと思ったので、半年かけて後任の人を探して、八月の異動時に辞めようと思っていました。

しかし、いざ辞めようと思った目で池袋本店を見渡してみると、少し心残りに思えました。西武百貨店との契約延長ができる可能性は薄いように思えましたが、それでもそのプランは自分の仕事としてつくらないといけないだろうし、仮に池袋本店が閉店となれば、大変な作業が待っていることが予想されます。一方で、これだけの店が閉まるこうした機会に立ち会うことができるのは、今後ないことのように思えました。会社には池袋本店のこれからがはっきりするまでは残ると伝え、結局は池袋本店の閉店が決まってしまったので、そこを区切りに辞めることにしました。最初に会社に意志を伝えてから実際に辞めるまで、一年半ほどありましたが、その間、「本当に自分の店なんか持てるのだろうか」と心が揺れることはあっても、会社を辞めるという考えが変わることはありませんでした。福岡への転勤から始まり、少しずつ東へ移動するに従い担当する店が大きくなり、出会う人もその場その場で異なりましたが、いざ、辞めると本当に決めたときは、すべてはこれから始める、自分の店のためだったのだと思えました。

第3章　準備

はじまりは挫折から

勤めていたリブロ池袋本店閉店後の後片付けも一段落して八月に入ると、いよいよ準備期間が始まりました。準備期間というと聞こえは良いのですが、実際は無職状態ですので、朝起きると、その日一日何も予定がありません。妻がアルバイトに行くのを見送ったあとは何もすることがないので、ぼんやりと不動産物件サイトを見たり、時間をかけて料理をつくったりして過ごしました。店にはカフェをつけたいと思っていたので、できるだけ「台所」という場所に馴染んでおいたほうがいいだろうと思ったからです。

「自分で本屋を始めます」とは言ったものの、実際にやる場所が決まらないうちは、やれることというのは案外少ないものです。幸いにも、有給休暇がかなり残っていたので、働きに出なくなったとはいえ、会社員の資格がある一〇月までのあいだは、まだ給料が入ってきます。いよいよ収入がなくなれば、自分の経験が少ないカフェでアルバイトをしながら、物件を探そうと考えていました。

人によればこの物件が出るまでの時期を、修業の時期にあてるかもしれません。どこかで働いて仕事を覚えながら物件を探すという人もいると思いますが、自分は物件が出てくるまでは、自分が開こうと思っている本屋のコンセプトを固めたり、名前を決めたりして、実際に店を開く場所が決まったときに、すぐにでも動けるようにしておこうと思いました。

コンセプトを固めるといっても、実際に頭のなかで考えているだけでは、きれいなイメージ写真が数枚あるのとあまり変わりはなく、どこか雲をつかむような話になるでしょう。店内のレイアウトや什器、商品量などは実際の店の場所が決まらないととりかかれませんが、自分がどんな店をつくりたいのか、どんな店の名前にするかなどは、それ以前でも考えることができます。リブロでは新規店をつくったり売場を改装したりする際には企画書をつくっていましたが、以前に自分がつくったものが手元にあったので、古本屋ではなく新刊書店であること、カフェやギャラリーを付けること、どういう商品を選び、どのくらいの売上があればやっていけるのかなどを、自分のつくろうとする本屋に当てはめながら考えていきました。

結果として、このときにつくった事業計画書は、このあと役に立つことになりました。一つは、物件を競合者から勝ちとるとき、一つは取次や銀行と口座を開くとき。そして何より、こうした事業計画書をつくり、周りの人に見せることで「ここは少しわからない」「こうしたほうが良いのではないか」「これはいいと思う」というさまざまな意見が出てきます。それをさらに織り込み、事業計画書を練り上げていくことで、だんだんと自分のつくりたい店の輪郭が定まってきました。自分の思考を何枚かの紙でまとめておくということは、まだ店もない時期には、立ち返るよりどころをつくることとして、役に立つと思います。

仕事を辞めて二週間くらい経ったある日、特にすることもなかったので、ふと思いたって近所の神社に行きました。そこは、周りからは高台のようになっており、急な階段を上ったところにあります。境内でお参りしたあと、葉っぱのあいだから漏れる夏の光に見とれていると、ぽーっとしていたのでしょう、足元が坂になっているのをすっかり忘れて、階段を踏み外し大きく転倒しました。そのとき穿いていたズボンは破れ、膝や腕はすりむき血だらけで、大きく右の足首が腫れています。情けない気持ちで病院に行くと捻挫という診断で、それから二週間は外にも出歩けない日が続きました。

普通は落ち込んでもよさそうなものですが、そのときは「世の中は本当にうまくできているなあ」とのんきに感心しました。仕事をしているあいだに捻挫をすれば、その間使いものにならないお荷物社員になるだけですが、誰にも迷惑がかからない失業期間中に捻挫をして、幸か不幸か家でパソコンに向かうしかない状況になってしまったのですから。そのときに初めて「これは本当に店の準備を始めないとなあ」と腹が据わりました。その夏は、せっかく会社も辞めたのでいろいろと遊びたいとも思っていましたが、結局真面目に、毎日パソコンの前に向かうことになりました。

どこの街でやるか

本屋に限らず自分でお店をやろうとするときにまず考えなくてはいけないのは「どこの街でやるか」ということです。私たち夫婦は、どこか決められた場所で仕事をしなければならないというしがらみがなかったので、「どこに店を出しても良いのだ」ということにある日ふと気がつきました。今、住んでいる東京は、二人にとってみれば特に地縁があるわけではないので、「これは住みたいところに住める絶好の機会かも」とにわかに盛り上がり、まだ会社に勤めていたころ休みの日を使い、住んでもいいなと思っていた街に、ロケハンと称して一泊二日の小旅行に出かけました。

鎌倉。海と山が近く、古寺もあり、住む環境はバツグン。昔から、小説家、芸術家、大学教授なども多く暮らしたところで、客層も良いと思われます。インターネットで事前に相場をある程度調べましたが、鎌倉は住むには家賃が高そうなので、ひとまずその先の逗子で電車を降りてみることにしました。二月の終わりでしたが、潮風がぬるく身体に入り、駅近くには個人経営のイタリアンの店があり、ワインも美味しくて、すっかり良い気分。ちょうど冬が終わり春の最初の日という、季節が変わるのを感じられた日なので、それも解放感を高めました。

住むところはここで良いが、そこで本屋をやるイメージは思い浮かばず、そのまま鎌倉までいき、店が出せそうな雰囲気のところを探して、かなり歩き回りました。疲れたら、流行っていそうなカフェに入り、そこにいる人を見ながら、ここに店を出したらどうなるだろうか……と想像しながら二日間過ごしました。

帰りの電車のなかで、しばらく批評は避けていたのですが、そのうちどちらからともなく「何か違う……」という話になりました。カフェの隣から聞こえてくる会話、少しお金がないと居づらそうな雰囲気、コミュニティが狭そうに見え、そこに入ってしまうまでが少し時間がかかりそうに感じられました。着慣れない服をずっと無理して着ていないといけない感じと言えばよいでしょうか、われわれ夫婦には、少し敷居が高そうな街のように感じられました。

松本。大学時代、山登りをするサークルに所属しており、毎年夏は必ず北アルプスに行く伝統がありました。松本は北アルプスに行く人にとっては基地のような街で、そのころからなじみがあったのですが、山のある風景や、信州そばと日本酒、数ある民芸品やクラフトの街、街のあちこちに湧き出る美味しい水……というような若いころには気づかなかった数々の魅力に惹かれ、大学を卒業してからも頻繁に足を運んでいました。貯金の範囲でも手頃な家が買えそうなことがわかってからは、グーグルアースなどで街の雰囲気を見て、アルプスを見ながら坂を降りて、街の中心部に店を構えて……などと妄想を膨らませていました。松本は東京よりは中心部の家賃も安くなるので、まあまあ良さそうな場所で店ができそうでした。

見るなら早いほうがいいだろうと、桜が散ったくらいの時期に松本に出かけました。

そのときに気がついたのは、そういえば自分がこの街に来ていたのはいつも夏だったなということでした。夏の松本はハイシーズンで、いつも観光客が多く、街も賑わっていたのですが、春の終わりの松本はまだ寒さが残り、人の数もまばらでした。歩いている人がいないないな……というのがそのときにまず思ったことで、それが地方の現実かとじわじわ感じました。街は本当にきれいで、遠くに見える山々も見ていて飽きません。ここで本屋をやったら素敵だろうと思いながら、二日間歩きまわりました。

「まあ、良い街である。ただ、良い街すぎて、何も努力しなくなるのではないか」。高速バスで新宿まで帰り、バスターミナル近くの定食屋で遅い晩御飯を食べながら妻と話しました。以前に、仕事で福岡や広島などに住んでいたときは、休みの日には本はほとんど読まず、車で近くの温泉に出かけたり、美味しい地のものを食べて、それは満足な生活でした。あまりに周りの環境が良すぎると、人はそれに満足して、本などの文化的なことを渇望しなくなるのです。

本屋は情報感度が命です。今、何が流行っているのか、展覧会、イベント、ＳＮＳ

での誰かの発言……という渦中に常にいないと、良い仕入れはできないように思います（もちろん、そうした世界がすべてではありませんが）。松本に住むと、何年かは今までの知識の貯えでやれるだろうが、そこから先は、周りの環境が豊かすぎて、情報をとるための努力をしなくなるのではないかという予感がしました。そうなるとたぶん、本屋としては現役ではなくなります。そうなるには、自分はまだあまりにも若すぎました。

こうした街への〈ロケハン〉を重ねた結果、いろいろな街をそこに店を出すという目で眺めてみることは、自分を見つめなおしてみることにもつながるものだと気がつきました。そして、「東京でもう少し頑張ってみても良いのではないか」という思いが次第に強くなりました。だからと言って鎌倉や松本に行ったことがまったく無駄だったということではありません。実際に見てみなければ「あのとき、あそこに店を出しておけばよかったなあ……」という思いがどこかに残ります。気になる場所は、自分の目で違和感があるかないかをあらかじめ確かめる。またそうすることで、自分が本当は何がやりたいのか、ということが、よりはっきりと見えてきます。

東京でやると決めたのであれば、やってみたい場所は中央線沿線の他にはありませんでした。店を出すということは、一日中そこにいるということなので、何よりそこにいることがしっくりとくるような場所であるということが大切です。他の街に行ってわかったように、自分たちがいて、無理のないような場所。中央線のなかでも、特に西荻窪〜三鷹あたりは、それまでもよく遊びに行っていたところであり、古本屋が多く、作家や編集者も多く住んでいるところなので、本を大事にするような空気が街にあると感じていました。そうと決めたら善はいそげ、そのときはまだリブロに勤めていた時期でしたが、住んでいた石神井公園から、これらの街まで自転車で通えそうなところに移ろうと、閉店作業で忙しかった七月、三鷹台のマンションに引っ越しをしました。せっかくフリーの立場になるので、通勤電車には乗りたくないと以前より考えていましたが、物件が出ないうちに家を引っ越してしまうのは、今、考えても「賭け」だったように思います。

西荻窪〜三鷹エリアを第一候補と決めつつも、その東西、立川から中野までの各駅は、一度は降りて駅の周りを歩きつつ街の雰囲気を確かめるようにしました。いろんな駅に降り立ってみると、このあたりは、何かしら良い感じがするという場所が見つかります。緑が多く自然と安らげる気持ちになったり、表通りから一本裏に入った喧騒から離れた通りなどという場所。本屋に限らず個人店は人が賑わいすぎているような大通りよりも、そうした場所のほうが似つかわしい感じもします。個人店が好きな方は、その店で売っているものはもちろんですが、チェーン店にはない、店と客との、人としてのつながりをどこかで求めて来られているような気がします。落ちついた感じのする場所のほうが、店と客との細やかな対話が成り立ちやすく、よりその距離が近く感じられるのではないでしょうか。ただし、商売として成り立つだけの人通りの多さも必要ですので、実際にはそれを兼ね備えた場所を、根気よく探すということになりました。

店名――没案二つ

店の名前は簡単なもののほうが良いなと最初から思っていました。店の名前は店の内容を盛るうつわのようなものだと思います。良いうつわのように、邪魔はしないが、短くて覚えやすい、そんな言葉はないかなと、いくつも紙に書きだしました。

「本に関する言葉で」ということだけはあらかじめ決めていたので、まず思い浮かんだのが「コンテンポラリーブックストア」。これは「今、生きる人に向けて本を売りたい」という新刊書店をやる思いが、そのままかたちになったものですが、いかんせん長い。コンテンポラリーという言葉自体が、まだそんなになじみがないということもあり、これは間違いなく覚えてもらえなかったでしょう（「ほら、あの店、名前なんだったっけ……」というふうに）。

その次に思い浮かんだのは「Slip」（スリップ）という店名です。書店に売っている本に、書名が書いてある紙が挟まっているのを見たことがある人もいると思いますが、あの紙のことをスリップというのです。「ボウズ」と呼ばれる半円形の頭が先にちょこんとついており、特徴的なかたちをしています。「Slip」という名前にすれば、スリップを模したかたちで名刺や看板をつくるのも、一つの話題にはなる。意味を訊かれたときにいわくがある名前も良いかなと思いました。

しかし、出版社の友人にその名前を見せたところ「一般的にはスリップ＝すべるという意味じゃないの」ということを言われ、ああそうかとも思いました。店の業績が傾き始めたら「こんな名前にしたからだ」と名前のせいにしそうなので、その名前もなしになりました。

「タイトル」という名前は、いくつか本にまつわる言葉を書き出したとき、妻がふと口にした言葉です。「本のタイトル」と言うとものごとのはじまりという感じもしますし、表紙のような印象が店名にふさわしいようにも思えました。口にしたとき、カクカクとして言いやすいのも良い感じです。その言葉を聞いたときに「それだ！」とめったに出さない大声を出し、それからはまだ場所も決まっていない店を考えるときには「タイトル」という名前が起点になりました。

名前は言葉を思いついたら、口にしてみる、書き出してみることで、はっきりと定着します。言葉の持つ雰囲気というものがあるので、音と見た目で自分に合うかどうかがわかります。「タイトル」の場合、口にしたときには抜けていく軽い感じが良い。書いてみると、アルファベット表記で大文字の「TITLE」は重たい。「Title」のほうが、後ろが軽く、縦の棒が長く短く並んでいるのがかわいい。ロゴをつくるのにはよいだろうと思いました。そのまま仮置きしていたTitleという名前がいつの間にか話しているうちになじんできたので、そのまま店名になりました。

今もなぜその店名にしたのですかと訊かれることが多いのですが、そのたび少し答えに困ってしまいます。でも、店を続けていくうちに、店名にはあとからイメージがついてくるものだろうと思っています。自分の好きな店を思い出してみても、店の名前を聞いて思い出される、もわっとしたすべてが好きなのです。

なぜ「新刊、カフェ、ギャラリー」なのか

「古本屋ではなく、新刊書店なのはどうしてですか」と、店を始めてからよく訊かれます。特に東京では、個人で古本屋を開業する人はいますが、新刊書店を始める人のことはほとんど聞きません。「新刊書店は、書店をすでに運営している会社がやるか、昔から街にある書店がやっているもので、新しく個人が始めるものではない」という共通認識でもあるようで、とても珍しがられます。

古本屋を始めなかった理由ははっきりとしていて、その仕事の命である仕入・買取に必要な知識がないということと、自分は新刊書店でずっとやってきたので、その世界になじみがあるし、何より「今を生きている人に対して本を売りたい」という思いがあるからでした。「こういう考え方もあるよ」「これは知っておいたほうがよい」な

どという思いを、本を通して店に来る人に届けたいのです。古本屋でも昔と違い、内装に気を配っている店や、店の一角に新刊本や雑貨などを置くような店が増えていますが、やはり〈今〉を扱うという意味では、新刊書店でなければならないと思います。

新刊本を売る店といっても、いわゆる〈昔ながらの町の本屋〉をやるつもりはありませんでした。町の本屋がそれまでと同じことをしているだけではつぶれてしまうということは、次々とその数を減らしている現実をみてもわかると思います。自分がイメージしていたものは、もっと本のつくり手や書き手、お客さまなど、さまざまな立場にいる人がかかわる店、本が店の中心にありつつも、単に本を買うことにとどまらない体験ができる店です。

本は今、インターネットで、家にいながら買うことのできる時代です。そんな時代にわざわざ遠い場所にある店まで足を運んで、そこで商品を買おうとする人がいるのは、ものを買いたいから、欲しいからというよりは、お店にいくという体験をしたいからだと思います。そう考えれば、一つのお店のなかでいろんな体験ができるほうが楽しい。カフェやギャラリーなどさまざまな誘引をつくることで、お店に足を運んでもらえるきっかけになります。

カフェを店の中につくることは、初めから自然な選択としてありました。自分自身がカフェにいくのが好きということもありましたが、妻と二人で自分たちの店を持つことを考えたときに、本屋だけの店を二人で行うというよりは、彼女が飲食の仕事で長く働いていたことをいかして、本屋とカフェを一つの店の中でそれぞれ行うほうが、自分たちらしく自然なことのように思えました。Titleにカフェをつくろうと思ったのは、妻という存在を抜きにしては考えられません。

店の中にカフェをつくることで、お客さまにはゆっくりとした時間を過ごしていただくことができます。お客さまはそうした時間の中で、次第にその店の空気に馴染んでいき、店内に入ってきたときの緊張感がほぐれて顔も緩んできます。一度でも店のなかで「今日はリラックスできて良い時間を過ごせたな」と思ってもらえれば、そのお客さまはまたそうした時間を過ごしに、再び来店されるかもしれません。近所に住んでいても、普段本屋に行きつけない人のほうが多いと思いますので、カフェのほうがかえって需要はあるのかなと思っていました。カフェにだけ来るお客さまがいてもいいと思います。もちろん利益率としては、カフェは六割から七割が利益となり、その点では本屋とは比較にならないので、店の経営を支えるものになると思います。
ただ、利益が出るからといって、本屋の隣に安易にカフェをつけるという話をよく聞きますが、それには反対です。カフェにしろ、本屋に雑貨を置くことにしろ、まずは「どういう店をつくりたいのか」という店主の考えがあるべきです。今ではお客さまのほうがさまざまな店を体験しています。しっかりとしたコンセプトもなく数字ありきで始まったものは、その細部に「行き届いていない感じ」が漂うので、お客さまに見抜かれてしまうのです。まずは、なぜここでカフェをやりたいのか、それは本当に店に必要なのかということを考えることが重要です。

リブロでの体験から、ギャラリースペースも店には必要なものだと思っていました。萩尾望都の直筆の原稿を、その筆の線や生々しい修正の跡を丹念に追いかけ、一ページに何十分も費やして見るファン。写真家の本橋成一が屠場を撮った生のプリントを展示したときには、その売場からは肉の臭いが立ち込めるようでした。一枚の絵や写真を目で見たり、触ったりすることで、本の世界が現実のものとなり、また違う体験ができるのだと思います。また、ここでしか見ることのできないものを展示することで、わざわざ遠くから足を運んでくださる方が増えますし、展示を一定の期間で変えていくことにより、次々と違うお客さまを呼ぶことができます。

外から人を呼ぶということでいえば、トークイベント、ワークショップなどの単発のイベントも欠かせません。リブロにいたころも、本にはお金を出さないけれども、イベントにはお金を出すという人は多いと感じていました。これは情報だけでなく、登壇者から受けとる熱量、そこにあの人がいて話しているというライブ感にお金を払っているのだと思います。自分も企画者でありながら、すぐ目の前にいつもその本を読むだけだった、内田樹《たつる》、高橋源一郎、高野文子《ふみこ》が話している光景を見て、最初はどこか現実離れして本当のこととは思えませんでした。一度イベントでその肉声を聞いたあとは、その人の書く文章が、実際に聞いた声と重なって聞こえ、よりその作家に近づいたような気がしました。自分が出す店は、広さはきっと小さいけれど、本にまつわるこうした本格的な体験ができる店にしたいと思いました。

本格的な体験は、イベントや展示だけでなく、普段の本の品ぞろえでも実現可能です。大きなお店に行かないと並んでいないような専門書が買える。全国でもここでしか売っていないような自費出版の作品が買える。人気作家のサイン本がなぜかこんなに小さな店に並んでいた……という体験はどれも、本来ならば都市部の大型店に求められる役割かもしれないのですが、それを郊外にある小さな店が行っている——。お客さまの期待の上を行く、そうした意外性がある店にしたいなと思いました。自分の大型店での経験を使い、そのエッセンスを小さな店に凝縮して注入する。店の場所は決まっていませんでしたが、事業計画書を書くことを通して、そんな来るべき店のイメージは固まっていきました。

組織のかたちとお金のこと

「Title」を運営するのは、タイトル企画という株式会社です。会社といっても、社長の私と取締役の妻の二人だけの会社です。

運営を会社形態にしたのは、本にまつわるいろいろな仕事（第4章で後述します）を視野に入れていたことがいちばん大きな理由です。会社のなかには、法人相手にしか仕事を発注しない企業もあると聞いたことがありましたし、本の出版など元手が大きくかかる事業を始めようとしたときに、法人のほうがお金を借りるときにもスムーズに行えるかと思ってのことでした。個人が店を始めるときは通常は個人事業主として行う場合が多いでしょう。会社組織でやるか、個人事業主でやるかは、規模と手間の天秤になります。一般的に税務上は会社のほうが優遇されていることも多いのですが、開くのにかかる資金や書類の手間があったり、年に一度行う決算の書類が複雑であったりしますので、どちらが良いと一概には言えません。

本屋を始めるにあたっては必要となるお金がさまざまありますが、大きくは①物件取得と、その内装工事にかかるお金、②本棚やカフェの厨房など什器や備品にかかるお金、③商品の仕入代金にかかるお金があります。お金は、いくらあれば本屋が必ずできるというものでもありません。その人がやりたい店はどのくらいの広さなのか、新刊本か古本か、どの街のどのあたりに店を出したいのかにより、かかるお金はまったく異なってきます。

Titleの場合、タイトル企画の資本金、物件の敷金・礼金、後述する改装費、本を仕入れるための信任金といった、まず最初に必要となるお金に関しては、すべて自己資金でやりました。店を始めるときにお金を借りるかどうかについても、いろいろな意見があると思います。自分も「自己資金でやれそう」と判断するまでのあいだに、インターネットで各自治体や日本政策金融公庫が行っているスタートアップの助成金を調べてみました。返済の義務を負わない補助金の申し込みができる場合もあります（ただし、事業計画書を書いて高倍率のなかからそれを選んでもらうことが必要です）。そうした制度を使いながら、なるべく初期にかかるお金の負担を減らしていくという方法もあります。

お金に関して思うのは、本屋という業態、個人店という業態は、大きな金額を借りて回していくということには不向きなのではということです。お金を大きく借りて、それを元手に規模感のある事業を展開していくやり方は、一冊一冊の売上を積み上げていく「小商い」の本屋とは性格が合わないもののような気がしています。それよりは、自分の手の内にあるお金で、または想像のつく返済額の範囲で始めるほうが良いのではないでしょうか。

物件決定

店を中央線沿線、なかでも西荻窪～三鷹あたりに絞ってからは、毎日物件情報のサイトを見ていました。こうしたサイトでは詳細な街の地図の上に物件が載っているので、どのような場所にどんな物件があるかということが、行く前からわかります。グーグルアースで写真を見て、大まかな街の雰囲気を摑んでおくのも良いと思います。同じ駅でも、北口と南口では随分と受ける印象が違ったりしますし、通りによっても趣が異なります。この駅と決めれば、そこにはできるだけ足を運んで、その周辺でも特に雰囲気のよい場所を探しました。

自分は昔から全国にあるさまざまな街を歩き、そこにある店や歩いている人がつくり出す街ごとの雰囲気の違いを、散歩しながら体感するのが好きでした。街を見るときに、人がどれだけ歩いているのか、その年齢・性別・服装、物件の周りにどんな店・施設があるかといったことは、店舗を出すときにまず見るべきポイントでもあると思います。その街を歩いている人が、自分が出そうとする店に入りそうな人かどうかを考え、またその人が自分の店に行ったあとで立ち寄る店が他にあるかどうか、なるべく具体的に思い浮かべます。そうしたお店がたくさん思い浮かぶようであれば、その街とは相性が良いと判断します。飲食店は住んでいる人の数に比例してあるのに比べ、雑貨屋の数、それがある場所は限られます。そうした店がいくつかあれば、その周辺は生活必需品でなくてもモノを買ってもらえるような土壌があるのだなということがわかり、本屋が成り立つ可能性があります。

気に入った場所が絞り込まれてくれば、その街に強い不動産屋に前もって予算などの条件を伝えておき、それに合うところが出れば先に教えてもらうということもできます。

九月末、なかなか気に入った物件も出ず、西荻窪の駅から三分くらいでいいなと思った物件も、五〇平米で月二八万円、敷金は家賃の五カ月分と聞くと「そんな家賃は払えないな」とまったく手が出ませんでした。そろそろ給料も止まるなと思っていたころ、いつも見ていた不動産サイトを、少し範囲を広げて見てみました。西荻窪駅からさらに東側にスクロールさせると、ちょうど荻窪駅とのあいだくらいに、「ＮＥ

W」とマークのある物件がありました。写真を見ると一軒家のようですが全体的に古ぼけており、正面の合板が破れ、事故でもあったのかと一瞬思わせるような外観でした。しかし、駅から離れてはいますが、青梅街道沿いにあり、人通りはありそうなところなので、そう淋しくはなさそうです。妻にサイトの写真を見せたところ、やはり古さが気になったようで、あまり良い反応ではありませんでした。

翌日、妻からまた「そう言えばあの物件連絡してみた？」と訊かれました。え、嫌だったのではなかったのか？　と思いましたが、一軒家で広々とやれるという物件は珍しいので、そこが気になっていたらしいのです。あそこは惜しいという気持ちが自分にも残っていたので、すぐに不動産屋さんに電話して翌日の内見を決めました。あのとき、妻の迷ったうえでのふとした一言がなければ、今ごろこの場所でやっていなかったかもしれないので、今考えても本当に物件はタイミングだと思います。

不動産屋さんからは事前に物件の概要や詳細が送られてきました。そのなかには「一階住居部分は住めない状態」「屋根は雨漏りしています」と書かれていましたが、翌日、実際に物件に足を運んでみて、建物を見てまず出た一言が「古い……」、そして「こんな建物、まだ残っていたんだ……」でした。表は緑青《ろくしょう》が吹いた銅板張り、かなりの存在感です。しかし中に入ってみると、油がこびりついたベニヤ板が張られているだけの簡素な空間で、しばらく使われていなかった建物のぐぐもった臭いが強く、中の住居部分の畳が腐っていました。以前はお肉屋さんだったようで、入って手前が店舗部分、奥と二階は住居として使われていたようでした。店をやるには充分な広さであり、特に二階は古い階段を上っていくようになっており、使いようによっては一階とは別の空間を演出できそうでした。

このようにプラスマイナスが入り混じった物件でしたが、最終的には「ここでやってみたいな」と強く思わせる魅力がこの建物にはありました。物件を探しているあいだ、出てくるものはどこも似たりよったりなマンションの一室という場合がほとんどであり、それではせっかく会社を辞めて自分の店をやるのだから面白くないなと思っていました。この建物は確かに古いのですが、その古さはお金では買えません。時間が経った建物の存在感は、中に置く本の価値を高めてくれるだろうと思いました。

見学していると、他の下見の人がやってきました。不動産屋さんに訊くと、値段が手ごろなこともあり、下見の人は大勢来ているが、大概の人は古さを見てそのまま帰っていくということでした。しかし、自分以外の人も同じ物件を見ていると、内心焦るものです。早く返事をくれた人に決めるというわけではなく、「手を挙げてくれた方はすべて大家さんにご紹介して、そこから選んでもらう」ということでしたので、返事の期限を訊き、それまでにご連絡しますと言ってその場は別れました。

その後何回か物件の場所まで行き、人通りを確かめたり、そこから荻窪駅、西荻窪駅まで歩いてみて、途中何があるかなどをもう一度見ました。荻窪駅までは歩いて一二〜一三分というところ、少し遠いなと思いつつも、その遠さもかえって〈体験〉になるのかなと思いました。もともと、わざわざ小さな本屋まで足を運ぶ人は、便利に用を済ませるというよりは、店に来てそこで過ごす時間を楽しみたいと考える人が多いと思います。そうした人にとってみれば店に来るまでにわざわざ歩く距離も、その道中にどんな店があるかを楽しんだり、目的の店に来る気持ちを掻き立てる演出になるのではないかと直感しました（京都の恵文社一乗寺店や、福岡のブックスキューブリックのある場所も、街の中心からは離れていますが、それがかえってプラスに働いていると思います）。従来、書店の出店地とされていた駅前の一等地はほとんどの場合家賃が高く、出店を考えたとしても他の業種に負けてしまう場合が多い。駅から離れた場所であっても、人に来ていただけるモデルをいかにつくれるかがこれからの書店には重要だと思います。

問題は手を挙げている人が多そうだということでしたが、このとき、店を開く場所を中央線沿線と決めたころにつくっていた事業計画書が役に立ちました。大家さんの立場からすれば、誰に貸しても入ってくる家賃は同じなので、それならば信用できそうな人、同じ場所を良いものにしてくれそうな人に貸したい。本屋はもともとイメージは良い業種だといわれていますが、カフェやギャラリーを付けてさらに文化度の高い場所にし、井伏鱒二などの文人が住み、石井桃子のかつら文庫がある荻窪が文化的な歴史を持つことを踏まえながら、この建物を過去につながりつつも新しい場所にするというストーリーを事業計画書に書き足していたのです。

それが良かったのかどうかはわかりませんが、数日後に不動産屋さんから「大家さんが辻山さんに物件を貸したいと仰ってます」という連絡が入りました。それを聞いたときには、長く続いていた「動きたいのに動けない」という状態がやっと終わることにほっとした半面、「いよいよ後戻りはできない」という未知の状況に足を踏み入れていく怖さも同時に感じていました。

内装の中村さん

物件が決まると、準備作業のすべてが一斉に動き始めました。それまで、雲を掴むような想像に終始していたのが嘘のようです。営業がスタートするまでの準備期間、家賃の発生を遅らせてくれるというフリーレントの対応をしてくださる大家さんもありますが、基本的には契約後すぐに家賃が発生し、営業までのあいだは収入も入ってこないので、準備期間はなるべく短くしたいものです。

物件が決まったのは二〇一五年九月末でしたが、店の内装工事と商品の準備を並行して行うとしても最低二カ月、その後商品の陳列や仕上げなどを含めると三カ月はかかるかなと思っていました。その時点ではすべてがうまくいって一二月末開店、しかし年末・年始に開店する店は通常考えるとないので、一月上旬の開店を目指そうと考えました。そのために最初に行ったことは、物件を店に仕上げる内装業者を決めることでした。壁のペンキ塗りや、家具の作成など、できるところは自分たちでやるという人も増えていると思いますが、自分はこの分野はまるで素人なので、とりあえずは相談ができる人を探さないといけないと思いました。

現在、内装業者やリフォーム業者はインターネットを見ればすぐに調べることができますし、たとえばこんな内装にしたいと思っている店があるのなら、そこを手掛けた会社を調べて、そこに連絡するという手もあります。しかし自分の場合は、あらかじめ出せるお金が決まっており、内装にそんなにお金をかけられるわけではありませんでした。おそらく誰かの紹介のほうが適正な価格で行ってくれるだろうと思っていたこともあり、以前リブロでお世話になっていた会社、妻の地元の友人が経営しているリフォーム会社、妻の叔父が勤めている建設会社関係の人、知り合いの書店が本のセレクトの仕事をしたというリフォーム会社にそれぞれ声をかけて、興味を示してくれたところには実際に物件の中を見てもらうことにしました。

内装工事は、こうした会社と契約をし、そこが設計をしたうえで、工事に必要な工程（解体、撤去、基礎工事、電気・水道などの工事、塗装、クロス、什器製作、設置……）と見積もりをつくり、それぞれ必要な業者を呼んでくるという場合が多くなります。しかし、実際に自分が受けた見積もりの金額も会社によりまちまちであり、初めて内装工事を依頼する自分にとっては、どのくらいの金額が適正価格なのかということがわかりませんでした。

そうしたこともあり、業者を決めかねていたある日、吉祥寺で夏葉社《なつは》という出版社をやっている島田潤一郎さんから、事務所が移転したので遊びにこないかというお誘いがありました。行ってみると、夏葉社の事務所は新しく敷いたという床張りの木のよい香りがしており、壁には同じような木目の作り付けの本棚があり、会社というよりは、落ちついた家のような空間でした。訊いてみると、個人営業の古本屋さんなどを手掛けている人にリフォームしてもらったとのことです。その人の会社は、ウェブサイトもつくらず、紹介などで仕事をとっているようで、その場で名前と連絡先を訊いて、翌日すぐに電話をしました。

電話の向こうのさっぱりとした口調の人は中村敦夫さんといい、その日の夕方にすぐに会おうということになりました。それまでの見積もりを出してくれた会社は、いろいろと社内の調整が必要なのか、話を次に進めるまでに時間がかかり、そのあいだの時間のロスがもったいないと感じることも多かったので、話が早いのも気に入りました。中村さんのこれまで手掛けた古本屋が、自分も好きで客としてよく行っていたこと、実は中村さんが新刊の什器を扱う会社にいたこともあり、そうした什器の解体や設置もできたこともありましたが、何より中村さん自らがフォレストピアという会社を経営する個人経営者なので、お金の苦労をわかっていて、あらかじめこちらが提示した金額内で、何とかおさめるようにやってくれると言ってくれたことが最終的な決め手となり、中村さんにお願いすることにしました。

出してもらった見積もりからどこかの会社に決めるというよりも、出せる範囲の金額内でできるだけのことをやってみるということは、個人で店をつくるというときには、値段のふくらみを抑えることができて有効だと思います。店をいざつくり始めてみると、「あれも必要だし、これも買わなければいけない」と当初は想像していなかったお金がどんどん出ていくので、最初に計算する内装費用に関しては、自分のなかでのいちばんシビアな額で考えておくとよいと思います。

店を行う物件が決まれば、中の空間への空想が膨らんできます。Title の場合、資金がないこともあるのですが、もともとの建物が銅板張りの看板建築という、今はほとんど見なくなったような建物だったということもあり、できるだけ元の雰囲気を残すことを心がけました。修繕しないといけないところ以外は、外観はほぼそのままにして、遠くからでも本屋であるとわかるようにテントだけ張ることにしました。

内装を行う中村さんが木を得意にする業者であり、建物も木造の古民家なので、中は杉の板を敷き、その上に店舗をしつらえていくかたちになりました。物件が決まるまでは、コンクリートや石などを素材とした、もう少しシャープな内装をイメージしていたのですが、家の中にある長年使われた柱を見たり、奥の部屋の天井に渡っていた巨大な天然木の梁《はり》を見ると、そんなシャープな内装はここには似合わないなと思いました。

梁のことをいうと、借りるときにはそれがあるとは思いませんでした。住居として使われていた部分の天井がめくれてきて、いずれにしてもそのままでは使えないので、一旦はがしてみると、その奥から太い梁が見えてきたのでした。これは一目見て、〈ギフト〉だと思い、嬉しくなりました。

本屋は壁を本棚で囲ってしまうので、壁の素材や色はあまり問題にならず（Title も耐火ボードを壁に張りめぐらせて、お客さまの目につくところだけをクロス張りしています）、その手前に置く本棚の形状や材質のほうが、店舗の内装や費用に大きく関わってきます。最近では中古を専門とする什器屋さんもあるし、スチールラックなどを安く買い、その上から合板を貼って見た目を安っぽく見せないなど、それぞれ工夫している人も多いので、始める前に少しでもいろいろな店を覗いて、さまざまな什器を見て、どのようにすれば安い値段でそう見せないためのものができるのか、知っておくとよいと思います。

Titleの壁面に並ぶグレーのスチール本棚は、閉店する書店からまとめて五万円で買い取ったものです。どこの店でも、本屋を閉める際、そこに置いている本棚や備品などは、タダで捨てるというわけにもいかず、高額なお金を払って捨てています。それを安くても引き取るということは、捨てる店にも、譲り受ける店にとっても、メリットのあることだと思います。こうしたことは、タイミングがうまく合わないと難しいのですが、もう少しこうした機会のマッチングがあると、本屋を始めようとする者には良い話ではないかと思いました。

商品の仕入れ方

店のなかに置く本をどうやって仕入れるのか、その方法にはさまざまなものがあり、最近はそれについての議論も盛んに行われています。今でも一般に広く行われているのは、「取次」といわれる問屋があいだに入り、そこから各出版社の本を仕入れるというルートです。何せ世の中には約三五〇〇社の出版社と、約一万四〇〇〇軒の書店があるといわれているので、お互いがすべての取引先と直接取引（いわゆる直取引）を行っていると、物を送ったり精算したりという手間が膨大になってしまいます。そこで、こうした取次があいだに入ることで、その間の作業が簡略化されるのです。

しかし、取次を利用するデメリットもあります。一つには書店の利益率が低いこと（一般に、通常の書店の利益率は二二パーセント、つまり一〇〇〇円の本を一冊売っても、その店の利益は二二〇円にしかなりません）。さらにいうと、書店が取次と口座を開く際に、最初に仕入れる商品の金額とは別に「信任金」というものを預けなくてはならず、初期にかかる費用が莫大にかかってしまい、それが個人で書店を開業する際、足かせになるといわれていました。

それを回避するために、取次を通さない直取引を増やして書店を開業しようとする人もいます。交渉次第ですが、直取引の場合、取次を通さないぶんだけ書店の利益率を三割程度まで上げることもできるので、利益率の高い商品の割合を増やすことができれば店の経営は随分安定すると思います。ただし、この直取引は、長く取次を通した本の流通に慣れてしまっている出版社にとっては新たにしなければならない仕事ということになり、手間がかかるうえに、儲かるのかどうかのジャッジが難しく、取次の顔色も気にしなければならないところもあるようで、書店が望んでも、まだまだ応じてもらえない出版社が多いのが現状です。ですので、直取引だけで品ぞろえをしようとすると、どうしても置くことができない出版社が増えてしまい、品ぞろえが画一的になりやすいという弊害があります。店の売上を上げるためにはできるだけさまざまな本を置く必要があり、仕入れルートは多数持っておくほうが品ぞろえに幅を持たせることができます。そのためにも自分は、新刊を扱うのであれば、取次との口座を持つことを考えました。

今、二大取次といわれる日本出版販売（略して日販）とトーハンの二社で、書店に卸す本の九割のシェアを占めています。私はリブロにいた二〇年弱のあいだは、ほぼ日販にお世話になっており、リブロの社長も日販から来ていたので、店を始める際、まずは日販に声をかけるのが筋と思っていました。当時のリブロの社長であった三浦正一《まさかず》さんには、会社を辞める際、「店を始めることになれば、日販の人にはいつでも紹介するので、すぐに知らせてくれ」と言われていました。そこですぐ三浦さんに連絡したところ、その翌週にはリブロの会議室で日販の東京支店長と担当課長にお会いすることになりました。まさか、辞めた会社の会議室で、自分で立ち上げようとしている店の取引の交渉を行うことになるとは思いませんでした。一人でやろうとしている本屋だけれど、数多くの人（辞めた会社の人まで）の見えない手があって、仕事ができるのは忘れてはいけないことだと思います。

そのときは、事前につくっていた事業計画書を日販向けにアレンジしなおして使用し、取引先として私が信用できる人間であるということをお伝えしました。あとで聞いたところだと、新たに本屋を始める者としてはプランが固まっていたと評価されたようで、特に日販としても異論はなく「いやー、面白い店になりそうですねぇ」とその場で取引に前向きな話になりました。取次との契約ができなければ、自分が考えていた商品仕入れのプランがすべて崩れてしまうので、その反応を見て正直ホッとしました。提示された信任金の条件は、取引予想金額の二カ月ぶんでした。実はこの日までに、日販の他の知り合いにも訊いてみたのですが、同じような条件でしたので、Titleのケースは特別なものではないということです。

取次は書店がお金を払う前に毎日毎日本を送ってきます。書店の経営が悪化し、商品の代金を払えなくなってしまえば取次は損をしてしまうので、その保障と考えれば信任金自体は納得がいくものではありります。しかし、日販とトーハンのウェブサイトを見ても、信任金を預かることは書かれていても、それがいくらくらいのものになるかは書かれていません。書かれていないことで、「信任金は取引高の半年分」、「初期在庫と同じ金額になる」と都市伝説のように高騰し、新規開業しようとする人の精神的なハードルを高くしています。条件を明確にするだけで、ならば自分も始めようという人が出てくるかもしれません。

それよりも大事なことは、店を行おうとする人が、新刊本で、どれだけの売上を見込み、稼ごうとしているかということです。駅前で月に一〇〇〇万円売る店をつくるのであれば、信任金は売上見込みの原価七八パーセントの二カ月分なので、約一五〇〇万円になり、とても個人で払える金額ではなくなってきますが、地方でカフェやベーカリー、その他の事業などとくっつけて本屋をやるので新刊本は月に一〇〇万円売れればいいのだと考えれば、信任金は一五〇万円になり、これだと個人でも払えるレベルになってくるのではないでしょうか。店づくりのプランに従い売上と利益の分析を行ったうえで、それが取次を説得できるくらいの実現性があれば、新刊の本を扱うことは可能だと思います。

その他にも、日販とのあいだでは保証人（三人）、配達ルート、返品運賃負担の確認を行う必要がありました。保証人三人のうち一人は代表取締役である自分がなることができます（法人契約の場合）。あとの二人は妻と、自分の両親はすでに亡くなっているので、兄に頼むことにしました。本の配達ルートは、杉並区の書店を回って本を配達する、既存のトラックの便に Title のぶんを乗せてもらうことになりました。取次の立場からすれば、小さな一店舗のためにトラックをわざわざ走らせることは非効率なので、既存のルートの近くに店があるかどうかも、取引開設には重要になってきます。Title のある場所には朝五時くらいに通りかかるので、店の扉の前に設置する予定のシャッターの鍵を一本渡して、シャッターと扉のあいだにその日の荷物を置いてもらうようにお願いしました。返品運賃は地方により条件がさまざまですが、取次会社の負担ということになりました。こうしたいくつかの事項を詰めながら、日販と取引を行うことになりました。

日販の担当課長からは、リブロでの打ち合わせを行った際に、翌週に行われる大商談会（ホテルの宴会場などに出版社のブースを設け、そこに多くの書店が出向いて各出版社の商品説明を受け、仕入や商品展開の話をする集まり）の誘いを受けました。こうした商談会は、一度に多くの人とのつながりをつくることができる機会でもあるので、早速参加することにしました。当日は前もって決めていた出版社を回って、開店に必要な本の準備の話などができました。顔見知りの人からは、「ようやくですね」とか「やっと帰ってきましたね」と声をかけてもらいましたが、実際出版社の人とこれから出る本の話をしていると、「本を売る現場に、本当に帰ってくることができたのだ」という実感でいっぱいになりました。

本の選び方、並べ方

商談会でもらってきた各出版社の商品一覧表をながめながら、どういうふうに本を選んでいこうかという思いが浮かんできました。新しく店をつくる際は、まずどこにどういうジャンルの本を置くか（これをレイアウトといいます）を決めたうえで、過去に売上が高かった本や、ずっと定番商品として残っている本を、広さから計算した数で注文します。でも、それではつまらない。一時、どこの本屋に行っても同じような本が並んでいるということが「金太郎飴書店」といわれ、本屋が面白くなくなったことを指す代名詞のように使われましたが、確かにデータを使い、売上の上位から置く本を決めていくやり方を使うところは、必然的に同じような本が置かれているということになるかと思います。個人で自分のお金を出して、他の書店と同じような品ぞろえをするのでは、わざわざ自分が新たにやる意味はないのではないかと思いました。

かといって、「金太郎飴書店」に対抗するように、店主が厳選した品ぞろえを提案する、いわゆる「セレクト書店」というものにも抵抗がありました。自分も客として、さまざまな「セレクト書店」に足を運びましたが、特に最近ではその品ぞろえが似てくる傾向にあり、新しい店なのだけれど既視感が強い店が増えてきたようにも思います。たとえば『Spectator』『TRANSIT』のような雑誌が店頭の最前列にあり、「暮らし」のコーナーには武田百合子や高山なおみ、松浦弥太郎がしっかりと並び、柚木《ゆのき》沙弥郎《さみろう》のような「ぶさいくだけどかわいい」民藝のコーナーもある……。もちろんそれらの本が悪いということではありません。それらは最初はみな新しい価値観として並べられたものばかりですが、いつの間にかアイコン化してしまい「それを置いておけば、セレクトしているように見える」本になってしまっているような気がします。本屋に限らず、店にいく楽しみの一つに、知らなかったものや価値観との出合いがあると思いますが、いつの間にか皆がいいというものに倣《なら》うということが起こってしまうようです。

これはセレクト書店に限った話ではありませんが、一〇〇冊の選ばれた本のなかから自分に合う一冊を見つけなさいということは、なかなか難しいものです。本は一冊一冊、その本の奥に秘められた世界を持っていますが、置いている本の種類が少ない、またはその種類が似通っているということは、総体としての世界が小さくなるということです。そうさせないためには、数多くの種類、世界観の違う本を、棚にぎっしりと一冊一冊並べて置いてみる。そうすることで、その店が小さくても、そのなかに多様な世界を抱え持つことになり、見る人にとっては「こんな知らないことがあったのか」という発見が多くなります。

自分の店では、現在世の中で売れているベストセラーを混ぜながらも、ある価値観で統一された品ぞろえを核としていくということを基本にしました。Titleの場合、みすず書房、白水社、筑摩書房、平凡社など人文、文芸、芸術などのジャンルに強く、本の佇まいがどれも静かで品の良いものを多く出している出版社の本からその多くを選んでいきました。

たとえば『岡潔　数学を志す人に』『野尻抱影 星は周《めぐ》る』『寺田寅彦　科学者とあたま』の三冊から始まった科学と文学をつなぐ平凡社の新シリーズSTANDARD BOOKSは科学者の文章が瑞々しく、装丁も美しい「愛すべき小品」と言いたくなる本ですが、開店時からどれもコンスタントに毎月五冊以上は売れて、ロングセラーといえる商品になっています。また、スーザン・ソンタグの本は幾つかの出版社から出版されていますが、みすず書房の『他者の苦痛へのまなざし』だけが、リブロにいたときから地味な表紙ながらも目立って売れていて、「本に手にとらせる力があるとしか言えない」と感じていました。同じ著者の作品でもこのような名作と呼ばれる本が必ずありますが、そうした本は取次に注文するリストからは外さないように気をつけました。

他にも核となる本としてぱっと思いつくのは『モモ』（ミヒャエル・エンデ著、大島かおり訳、岩波書店）、『苦海浄土　全三部』（石牟礼《いしむれ》道子著、藤原書店）、『風の谷のナウシカ』全七巻（宮崎駿、徳間書店）など。そうした本を思いついてはメモに書き出し、エクセルのシートに書き入れていきました。また坂口恭平や石牟礼道子、平松洋子、ポール・オースターなど、しっかりとその人の本をそろえたいがさまざまな出版社に著作がまたがっている人は、日販の書誌検索システムNOCS9000で書名を調べて漏れがないようにリストをつくり、その他にも「オルタナティブ」「小商い」など店に関係しそうな言葉は、それも「小商い　書籍」とGoogleで検索して、出てくる本で面白そうなものを取次に注文しました。ジャンルは異なっていても、ゆるやかにつながっているように見えるそれらの本のリストをつくってみると、来るべき店の商品の核がおぼろげながら見えてくるようでした。店舗物件が決まってから、置くことのできる什器を計算すると、そこに並ぶ本の数がざっとわかってきますので、大体四〇〇〇点くらいを、このやり方で選んでいくことにしました。

しかし、こうした選び方では、自分一人のフィルターを通しただけなので、できあがりが少し偏ってきます。店は住宅街の真ん中にあり、そんななかで自分の個性だけを主張しても、人が集まる場所としての本屋としてはむなしいものになるのではないかと思いました。たとえば地域に住む人が病気になり、すぐに必要とされるような病気の本がまったくないのでは、その場所と店とが乖離してしまう、それは良くないことではないかと思ったのです。

取次には、全国の書店の売上のデータが集まってくるので、そのデータを使えば、現在の世の中で売れているものはわかります。取次のデータは全部で三〇万タイトルほどありましたがそれを全部見て、料理のレシピ本やビジネス実用書、旅行ガイド本などを一冊一冊選んでいき、自分で選んだものだけでは、カバーし切れない範囲を拾っていこうと考えました。こうした選び方だと、店の核となる商品との統一感が出なくなるのではないかと思われるかもしれませんが、ベストセラーの商品も一度はリスト全体を自分の目を通して見ており、いくら世の中で売れている本ではあっても、

Titleに置いている姿にリアリティが感じられない本はそのなかから外していったので、店全体のトーンとしては、バランスを失わないものになったと思います。

こうして注文した本は、約一万冊になりました。初期の仕入れ費用を抑えるために、出版社とは支払いを一年繰り延べてもらう長期契約を個別に交渉しました。長期契約には約二〇社ほどの出版社が応じてくれましたが、単価の高い専門書の出版社が主に応じてくれましたので、初期に支払う金額を実際に仕入れた金額の七〇パーセント程度に抑えることができました。初期の支払い金額を抑えることで、開店前後の支払いに余裕を持たせることができるようになり、ゆとりをもって支払い金額を準備することが可能になります。

店のレイアウトは、本の発注と同じタイミングで決めていきました。本屋のレイアウトの基本は、似たようなジャンルの本は隣あわせに並べ、目立たせたいもの、力をいれているものは、店に入ってすぐの目立つ場所に配置し、お客さまが勝手に探してくれる目的買いのものは店の奥に置きます。物件が決まる前は、本の売場とカフェが並列にあり、店の外から本とカフェが両方見えるのが理想だと思っていました。そのことは今でも変わりませんが、借りることになった物件は、うなぎの寝床のように奥に長い物件だったので、本とカフェを並列にすることがそもそも困難でした。

そうすると一階を手前と奥に区切り、どちらかを前に持ってくるということになりますが、こういうかたちになった以上、本屋を前に持ってくることに、何の迷いもありませんでした（本を売りたくて本屋になったので、ここでカフェを前に持ってくるのは本末転倒だと思ったのです）。このことは本屋に行かないような人にとっては、とても不可解なことだったようで、「なんで多くの人に需要がありそうなカフェを前にしないのだ」とよく言われました。しかし、それは本を売って生きていくという覚悟の根幹にかかわることだと思っており、多くのブックカフェがいつの間にか、「本の置いてあるカフェ」になっているのを見るにつけても、そうなりたくはないと思っていました。

本屋とカフェの位置が決まると、入って左側が暮らしと子どもの本、右側が芸術書、文芸書、人文書などの専門書、それをつなぐように、真ん中に新刊を中心とした平台と文庫の棚を置くことは、物件のかたちを見てすぐに決まりました。料理や暮らしの本、えほんはともに家のなかのことなので一つのグループでまとめられることが多く、文芸書、人文書、芸術書などはどれも判型が似ており、グループとしてまとめられます。そうすると入って右側の奥行きが長い列には、商品量の多い専門書のグループを並べ、奥行きの短い左側の列には、商品量から暮らしに関する本やえほんを並べることになります。左側の列でも特に奥のほうは天井が一部低くなっており、背の低い棚しか置けない箇所があるので、高い棚では子どもに手が届かず、落下する危険性もあるえほんを置くことにしました。そして、新刊台や文庫の棚はいろいろな内容の本を含んでいるので、ちょうどそうした二つの世界のあいだの橋渡しになりそうでした。

そして階段の下には、通常の本棚を置くような奥行きはないのですが、薄い本を表紙を大きく見せながら陳列する棚はつくれそうでした。この場所をリトルプレスで覆うと迫力が出そうでした。他のジャンルで分けている棚からは離れたところにある位置も、リトルプレスを目立たせる意味では都合が良いと思いました。

レジカウンターは、防犯目的ということもあり、入ってすぐのところに置くことが普通です。Titleもいちばん最初のレイアウト案ではそうしていましたが、店に入ったときに本に囲まれているという迫力を出したかったのと、お客さまに店主の視線を気にせずに、自由に本と触れ合ってほしいという気持ちもあり、直接は目に触れない奥の位置に決めました。

物件は築七〇年の家であり、階段が急であるのと、特に補強を入れて二階をつくっているわけではなさそうでしたので（二階を誰かが歩いていると、下ではギシギシという音が聞こえます）、最初から二階に商品は置けないなと思っていました。もともとは人が寝泊まりしていたその部屋は、隔離された〈小部屋感〉がある空間でしたので、それを活かした異空間にしようと思い、荷重がかからないギャラリースペースにしました。一階の感じとは異なり、床から白木《しらき》にして壁も含めすべて白い空間に統一しました。階段を上るという行為がすでに異空間への入口という気がしますし、建物が南向きなので、日の光がとてもよく入る、明るい部屋になりました。

POSレジは使わない

書店に本を買いにいくと、今ではたいていの店がバーコードをリーダーで読み込んで登録するPOSレジで会計をしてくれると思います。書店用のPOSレジは、ハードとシステムが一体になっているものが多く、取次が開発しているPOSレジや、メトロコンピュータサービスなどの書店用システム開発会社が売っているものがあります。POSレジは単品管理ができることが特徴で、商品の売上動向が把握できることはもちろん、商品の入荷時やレジでの販売時、返品時に専用のリーダーを通せば、即座に在庫数が修正されますので、いまその本が店に何冊あるかがリアルタイムでわかります。そのため、大きな書店ではなくてはならないものになっています。

取次が開発しているPOSレジは、取次とデータがつながっています。商品が売れたら即座に一冊同じ本が注文される自動発注システムや、取次が管理している書誌データベースが使えるので、本の書名や値段のデータを一冊一冊入力する必要もありません。その他に全国の書店で売れている商品の情報なども手に入りますが、初期の機械とシステムの導入の費用が一〇〇万円近くかかるとも言われています。

日販と取引をすることが決まったとき、システムの説明も受けましたが、高すぎて到底払えないなと思いました。また、どうしても自動発注のシステムや売れ筋の情報が欲しいかといえば、自分のやろうとしているTitleでは工夫次第で代替がきくのではないかと思いました。またシステム開発会社が製作しているPOSレジは値段もまちまちで、取次のシステムよりは安価である場合が多いのですが、取次とデータがつながっていないので、オンラインで注文したい場合はまた別途取次と契約したりと二度手間であり、契約するには中途半端なように思えました。

ＰＯＳレジが普及する前は、スリップを抜き、それを見て売上を把握していました。Titleの商品の量は一目見回せばわかる程度で、自分が把握できるくらいのものであり、何が売れているかということは、パソコンの画面で確認しなくても、その場に一日いればわかると思いました。レジの決済がスムーズにでき、売上の管理ができるものがあれば、それでTitleに必要なレジの機能としては足りるのではないかと思っていました。

そんなときに、最近、カフェや雑貨屋にいくとiPadで会計をしてくれる光景を思い出しました。調べてみると、iPadを使ったレジのクラウドサービスとしてよく使われているものが二、三社ありました。かかるコストは大体似たようなものでしたが、ぱっと画面を見たときの視認性がサービスにより異なり、毎日何回も見る画面なのでとにかく見やすいものであること、レジの際にお客さまをお待たせしないようにバーコードで読み込めるものであることを重視しました。そう考えるとプラグラム（現・

スマレジ）という会社の「スマレジ」というサービスが、視認性もよく、月額四〇〇〇円払うプレミアムプランでは、バーコード登録できる商品の数も一〇万点まで可能なので、一万冊くらいの在庫を予想していたTitleには先々の新刊を考えても充分に登録数の余裕がありそうでした。スマレジは当時は原宿にショールームがあり（現在は恵比寿に移転）、そこで実際にレジを触らせてもらい、操作もスムーズにできそうだったので、これを使用することにしました。導入費は、iPad代の五万円と、スマレジ用に開発されたバーコードリーダー、レジのドロアー（現金を入れる引き出し）とレシートのプリンターが一体化された機械が約六万円、あと、これもスマレジ専用のクレジットカードリーダーが二万五〇〇〇円、合計で一三万五〇〇〇円に抑えることができました。

スマレジのクレジットカード手数料は決済金額の三・二四パーセントです。月額の決済金額から手数料を差し引いたお金が口座に振り込まれるようになっています。使用できるカードの種類により、手数料の率や月額費用が異なりますが、VISAカード、MASTERカードのみ使用可にすれば、月額の費用は無料です。この二つは多くのクレジットカードに付いているので、このスタンダードなものだけにしました。クレジットカードは手数料こそ引かれますが、今ではカードで支払いを済ませたい人も増えていたり、カードが使えるとわかったときに、それならばとあと何冊かレジに本をお持ちになったお客さまもいるので、使えるようにしておいたほうが良いと思います。

クレジットカード以外にも、Titleでは図書券、図書カードの利用が可能です。図書カードは、利用額を取次への毎月の支払い額から差し引くかたちで精算するようになっています。図書カードは、取次を通して図書カード加盟店制度に申し込むと、専用の図書カードリーダーが送られてきます。解約時に戻ってくる二万円の加盟料と三万円の専用リーダーの保証金のほかに、手数料を五パーセント差し引かれます。図書カードを使うお客さまがどれだけいるのかわかりませんでしたが、お客さまの購入機会を増やすために使えるようにしました。開店してみると、住宅街のなかに店があるせいか、ご年配の方など図書カードで支払う方もいらっしゃることがわかり、入れておいてよかったと思いました。

カフェの進め方

カフェの準備は、妻に中心になって動いてもらうことになりました。妻はここ一〇年くらい、ずっと飲食の仕事をしており、接客の勘どころや何が厨房・ホールに必要なのかがわかっていたので助かりました。Titleは私の店だと思われがちですが、一つの屋根の下に、私の本屋＋ギャラリーと妻のカフェが同居していると考えたほうが、実際に近いと思います。以前より妻の人となりを見ていて、お店を持つと良いかもなあと思っていました。そういう光景が漠然と思い浮かんだからですが、何かのついでにそうした思いつきを言うといつも「おしゃれカフェをやるなら、小料理屋がやりたい」と言われていました。そのことは聞き流しつつ、店をやることはそんなに嫌でもないのだなと理解しました。それに一生に一度は、雇われるだけではなく、自分の店をやるほうが、彼女も面白いのではないかと思いました（特に訊いたわけではありませんが）。

会社を辞めたことにより自分の収入が途絶えたので、妻には生活費を稼ぐことと、飲食の仕事の勘を切らさないこと、その両方のためにアルバイトを続けてもらいました。妻のアルバイト先の友人からは不要になった業務用冷蔵庫が出たので、それを融通してもらったり、中古の厨房機器専門店を紹介してもらい、そこで必要と思われるものを買ったりしました。こうした店には大概ベテランのスタッフがいて、厨房の広さや準備するメニュー、大まかな予算などを伝えれば、必要と思われるものをひととおり紹介してもらえるようになっています。

カフェも今はあらゆる種類の店があり、カフェとひと括りにして呼べないような広い意味があります。そのようななかで素人同然の私たちが行うには、何かこれだという特徴が必要だとも思っていました。

コーヒーは好きで、家でもドリップして淹れてはいましたが、商売として行うのはまた別の話になります。コーヒー器具メーカーが主催している「コーノ式珈琲塾」という教室に行ったり、エスプレッソマシーンのメーカーSaecoが行っている試飲会に行って話を聞いたり、あとは美味しいといわれる店にひたすら飲みに行ったりしました。そのときに重要なのは、味の特徴を書き残しておくことだと思います。コーヒーの味を特徴づける苦味や酸味、フルーティー、コクなどの言葉を聞いたことがあると思いますが、そうした言葉を使って、今、飲んだものの味がどういうバランスになっているのかを書き記しました。コーヒーはその日の天気や豆のコンディションなどにより、微妙に味が変わってくるので、味の基準をわかるようにしておくということは大事だと思います。

豆はそれまでよく利用していた吉祥寺の「珈琲散歩」に焙煎をお願いすることにしました。焙煎も行いその場でコーヒーも飲める喫茶店です。そこでは、焙煎はするが特定の店舗に対してのオリジナルブレンドはつくっていないということでしたので、シングルの豆を七〜八種類買ってきて、少しずつ豆の割合を変えながら、気に入った味を探していきました。ブレンドのつくり方に関してはいろいろな本も出ており参考にするといいと思いますが、自分たちはお気に入りのベースの味を決めて、そこに違う種類の味を加えていくというやり方にしました。

妻は「自分たちが美味しいと思う味で出したい」ということを常に言っていましたが、それが飲食業をするにあたって自分たちが大切にしなければならないことだと、自分も思うようになりました。味の好みは人によって違うけれども、自分たちが美味しいと思うものを出したうえでそれが受け入れられなければ、諦めもつくというものです。

ただ、そうするためには、時間がかなり必要だということも痛感しました。同じようにブレンドを調合して、同じ淹れ方で淹れたつもりでも、日によって味は違っているように感じられ、試作品をつくる作業では一回につき五杯はコーヒーを飲むのでおなかの具合は悪くなるし、しまいにはどれが美味しい味なのかまったくわからなくなってしまうことがしばしばでした。ある程度納得できるものが決まるまでに、二、三カ月はかかりました。もちろん納得する味で出した一杯も、まだ味が定まっていないときに出す一杯も、お客さまとしてみれば同じ一杯であり、見た目にそう違いがあるわけでもありません。私たちはついせっかちに、何のメニューにしても、レシピがあればそれでできるだろうと思いがちなのですが、誰かが書いたレシピと、自分たちが書きなおした末にできたレシピとでは、まったく違うものだということを、コーヒーの味を決めていくなかで思い知りました。そのことを実感してからは、メニューの数は無理をして最初から多くつくるのではなく、自分たちが納得できるものからメニューに加えていき、自然とその数が増えてくればよいと思えるようになりました。

店で出しているワインやりんごジュースなども基本的には同じ考えで、自分たちが美味しいと思うものを出すようにしました。ワインは足利のココ・ファーム・ワイナリーに見学に行きワインづくりの工程を見せてもらい、りんごジュースは三鷹のムカイ林檎店で店主とお話しして試飲もして、購入を決めました。本もそうですが、カフェで出すものは、お客さまにどういうものか訊かれることがよくあります。産地や販売の現場を見ていることでお客さまに伝えられることが増え、より多くのものをお渡しできると思います。そのためには背伸びはせず、店を出す前から自分たちが生活のなかで楽しんで利用していた店やメーカーのほうが、自信をもって美味しいとおすすめできます。今までは一人の客として通っていた店ですが、カフェを始めるにあたり自分の店でワインやジュースを使いたいと話すと、どこも親身になって相談に応じてくれました。そうした顔の見える業者のほうが、困ったときに相談できることもあって心強いと思います。

カフェを始めるときに楽しいのは、カップやソーサーなどの食器類、椅子・壁紙などのインテリアを決めることではないでしょうか。Title のカフェは本屋の奥に併設されているので、大きくは統一感がある、でも少し異空間であるということがわかるようなしつらえにしたいと思っていました。コーヒーカップは、yumiko iihoshi porcelain という作家のものを使用しています。セレクトショップなどでも売っており、目にした方も多いと思いますが、カップに口を付けた感じがぼてっとせずに飲みやすく、陶器の冷たさが程よく知的なものを感じさせ本屋という場所に合うと思いました

（ちなみにカップの飲み口の厚さは、味の印象を随分変えます）。カフェのカウンターやテーブルは、内装の中村さんが同じ木で安上がりにつくってくれました。壁はTitleのイメージカラーのブルー、そのなかでも少し強めなターコイズのものを使用しました。壁紙は照明によっても印象が変わります。カフェでは落ちついた暖色のものを、少し間をあけて暗めに配置しました（本屋の照明は、本の背表紙の文字がはっきり見えないと用をなさないので、ベースライトには白っぽい蛍光管を使っています）。

カフェはこうして少しずつ納得できるかたちで進めていたので、考えていたより時間が足りず、オープン時にはドリンクのみのスタートになりました。でもそれは結果的には良かったことだと思っています。

ロゴデザインとブックカバー

店をつくり、店内の品ぞろえをすばらしくすることでお客さまを呼べるかといえば、最初はなかなか人が来ないと思います。人は相手の外見を見て瞬時にその人を判断しているのと同様に、お店の外観、デザイン、ウェブサイトを見て「この店は感じがよさそうだな」と思ってそこまで足を運ぶのだと思います。

「Titleという店名を決めた時点で、店はまだありませんでしたが、ロゴの作成をお願いしました。ロゴは以前からの知り合いでもある、画家のnakabanさんにお願いすることは決めていました。nakabanさんは広島に住んでおり、店の準備をする前に全国のいろいろな店も見て回りたかったので、暑さの残る八月の終わりに、広島に行き打ち合わせを行いました。

打ち合わせではロゴの色、文字の感じなど大まかなものを決めました。私もnakabanさんも「青」が好きで、まあ青色になるだろうとは思っていましたが、色見本帳にはさまざまな青色があり、それぞれ一色一色に名前がついていました。そのなかから、あれもいいこれもいいと選び出して、最終的に残ったものは、「サックスブルー」という色でした。明るい青のなかにもグレーが混じっているのは、人の考えを取り扱う本屋という場所には落ちついてよい感じがします。

ロゴを見ただけで、人はその店に対する漠然とした印象を受けとります。デザインの感じ、なぜその色・書体なのかを言葉として考えておくことで、自分がつくる店の方向性が整理でき定まってきます。ロゴの書体に関しては、メールのやりとりを行いながら、「もう少しこんな感じで……」と決めていきましたが、そのやりとりのなかでnakabanさんが「いくら気軽に、と自分をだまそうとしてもロゴは責任重大です。こういうときには自分を消すように仕事することがかえって自分をあらわしてくれたり、奥深いです。あとは辻山さんとのおつきあいがやはり形になります。面白いです」と仰ったのが印象に残ります。Titleのロゴにも自分が現れているかと思うと、ロゴにも人格があるように見えてきて、自分にしかできない店をつくらなければという気持ちになりました。

お客さまが購入した本にかけるブックカバーもどのようなものにしようか悩んでいました。ブックカバーは書店がサービスとしてかけているものであり、なくても問題はないものだと思いますが、新刊書店で本を買うと「ブックカバーはおかけしますか」と訊かれることがあたりまえになってきているので「準備したほうがいいのかな」と思いました。そして印刷してつくるのであれば、nakabanさんに描いてもらったTitleの店内を予想して描いたスケッチ（現在、Titleのツイッターのヘッダー画像に使用しています）があったので、それを印刷したいと思っていました。

ブックカバーを印刷する業者も調べればいくつかありますが、まずはリブロで取引があった店舗資材の卸売を行っているスマイルという会社に連絡をとってみました。担当者と打ち合わせて話を聞きましたが、ブックカバーや、買った本を入れるポリ袋などは同じものを大量に刷れば刷るほど一枚あたりの単価が安くなります。リブロのようなチェーン展開をしている会社では、同じカバーを全店で使用するので、一度に大量のカバーを作成することができ、一枚あたり二〜三円の低単価で作成することが可能になります。しかし、Titleでは一年ぶんを一度につくったとしてもせいぜい一万枚前後、それを文庫・新書サイズと、単行本のサイズと両方つくらないといけないので二万枚つくることになります。保管場所も苦労するなと思いながら見積もりをお願いしたところ、一万枚つくっても、一枚あたりの値段は一〇円以上しました。一冊五〇〇円の文庫本に一〇円するブックカバーをかけていては儲けが出ないので、通常の印刷でつくることは早々に諦めました。なお、同時にTitleのロゴの入ったポリ袋の見積もりも出してもらいましたが、こちらは二万枚つくって一枚あたり六円、アスクルで頼んでも一枚五円ちょっとしたので、その値段の差ならつくったほうがお客さまがそのロゴが入った袋を持って街を歩いてくれるので宣伝になるなと思い、ポリ袋はそのときにお願いすることにしました。

しかし、ブックカバーの問題は解決していません。そのときに思い出したのが、二〇一五年一二月で閉店した、吉祥寺の児童書専門店トムズボックスのことでした（二〇一九年六月、古本屋として西荻窪に開店）。そこでは以前、購入時のレシートに、店主の土井《どい》章史《あきふみ》さんが一人一人スタンプを押していたと聞いていました。できるかどうかは別にして「買ったその場で店主がブックカバーにスタンプを押してお渡しする」ということも面白いのではないかと思いました。スタンプを押すやり方なら、紙を買ってくればできるので、費用も抑えられそうでした。

問題はブックカバーに使用する紙です。家にあったコピー用紙を試しに折ってカバーをつくってみたのですが、どうも紙が固く本の表紙とうまく添いません。紙の柔らかさでいけば新聞紙のようなものが理想なのですが、何かないか探していると、これも家にあった、ネット通販で商品を買ったときに緩衝材として丸められていた藁半紙《わらばんし》が目に留まりました。藁半紙を広げてブックカバーにしてみましたが、どことなく懐かしく、手触りもコピー用紙のようにつるつるとせず手になじむようで良い感じだと思いました。再生紙なので環境にもやさしく、築七〇年の建物のなかで本を包むにはこれがぴったりなのではないかと思いました。

藁半紙をつくっている会社を調べると、段ボールなどをつくっている紙屋さんが多く見つかりました。そのうちの一つに頼んでサンプルを何枚か送ってもらうと、先日家で試しにつくったカバーとは少し違い、手に持った感じがごわごわしました。カバーにして本にかけてみると、コピー用紙と同じように、本と添わない感じがありました。何が違うのかと思いましたが、よく考えると、くしゃっとしたときの紙の厚みが違うことに気づきました。

ほとんどの紙屋ではいちばん安価な平方メートルあたり四〇〜四五グラムの藁半紙しか売っていなかったのですが、一社だけ平方メートルあたり五一グラムという藁半紙を売っているところがあり、ウェブサイトからの見た目はまったく同じであり、数グラムで何か違いがあるのかどうか半信半疑でしたが、他に手もなかったので藁にもすがるような思いで注文してみました。

果たして届いた藁半紙は、想像していた厚手のものであり、最初に家で試し折りしたものと同じ感触のものでした。これにスタンプを押してみるとインクの吸いもよく、手に持った感じもちょうど良さそうです。値段も一枚あたり〇・八円と印刷でつくるものの一〇分の一以下で収まりましたので、この藁半紙を使用することにしました。

ウェブがつくる「信用」

イベントや本の紹介、通信販売、店舗からのお知らせなど、情報量が多い本屋のウェブサイトでは、見やすいデザインで、情報が整理されているものがよいと思います。大手書店のサイトは、どの書店のものを見ても店舗数が多いせいか、知りたいイベント情報などにたどりつくまでがひと苦労で時間がかかります。どこに何が載っているのか、初めてそのサイトを見た人にはわかりにくいと思っていました。

それに比べて以前から見やすいと思っていたのは、京都にある恵文社一乗寺店のウェブサイトでした。一点一点の商品の情報を丁寧に文章と写真で紹介し、文字数がある割には余白がきちんととられていて見やすく、ブログなどの読みものが別枠でとられているなど、知りたい情報にたどりつきやすく設計されているという印象を持っていました。恵文社一乗寺店に限らず、東京の青山ブックセンターや名古屋のON

READINGなどイベントの集客を大事にしているところや、通信販売で実績を上げている店は見やすいウェブサイトを持っていました。

近所の方だけを相手にして商売が成り立てばよいのですが、飲食業を別にすれば、広域からのお客さまを呼ばないと、その地域内だけで個人店を成り立たせるのは、なかなか難しいのではないでしょうか。今、遠方から来るお客さまは、ほとんどがその店のウェブサイトをご覧になってからご来店されます。そこで「この店大丈夫かな……」と思わせてしまうようなサイトでは、本当はお客さまになり得たかもしれない人を逃してしまうのです。店に来たお客さまが本を買うかどうかは、そこに置いてある本を見てその人自身が決めることなので、その時点で店にできることは、お客さまとその本の出合いを邪魔しない空気をつくることくらいなのですが、お客さまにその店まで足を運んでいただくということは、その店主の努力次第でかなりの効果を上げることができるのです。そのなかでウェブサイトは、ＳＮＳと並んで現在では最も重要な手段になりました。

Titleのウェブサイトは、デザイナーの宇賀田《うがた》直人《なおと》さんにお願いしました。宇賀田さんはリブロで行ったイベントで知り合った方です。現在はリニューアルして担当者が変わってしまったそうですが、以前は前述した恵文社一乗寺店のサイトをつくっていた方なので、この方にお願いすれば間違いはないと依頼する前から思っていました。

ウェブサイトを構築するときに大事なことは、何をそこで見せたいのかをはっきりとさせるということです。ウェブショップを充実させ、とにかくそこに人を集めたいのか、店舗のコンセプトをそこでわかりやすく伝えたいのか……。

本屋というのは、実はとても情報に溢れた場所です。カフェは季節でメニューが変わったりする以外は、外に向けて出せる新しい情報が毎日あるというわけではありませんが、本屋では、毎日新刊本が入ってくる、イベントが日々行われる、そのとき話題になったニュースを掘り下げられる本がある……など、毎日何かが動いています。それをリアルタイムで伝えるには、ツイッターなどのＳＮＳが有効です。たとえばリブロで行っていたイベントのときに、お客さまにこのイベントを何で知ったかとアンケートをとったところ、店やイベントに出る著者のＳＮＳで知ったという方が大半でした。ですから、その情報リンクの飛ばし先としてのウェブサイトは、日々発信する情報を貯める場所として使いやすい、見やすいものが良い——という自分の考えを宇賀田さんにお話ししました。ＮＥＷＳ、ＣＡＦＥ、ＥＶＥＮＴなどの情報は、こちらで更新していますが、その器となる視認性が良く、ビジュアルとテキストのバランスがよいサイトを宇賀田さんにつくっていただきました。

店を続けていくにつれ、ウェブサイトに記載されている過去の記事がその店の信用につながっていきます。実際にTitleを始めてから、掲載された雑誌やウェブの記事はその大小にかかわらず必ずサイトに載せるようにして、「掲載されました」という短い紹介文のなかに、Titleへの取材を募集していることを書くようにしましたが、そうするようになってから取材が途切れる時期がなくなりました。

宇賀田さんも仰っていましたが、実はウェブサイトでいちばん人に見られるのは「ＡＣＣＥＳＳ」です。地図、住所、電話番号、営業時間などの基本的なデータを入れるのはもちろん、近隣の駐車場の有無、クレジットカード使用の可否、交通機関と所要時間など来店前にご覧になるお客さまの役に立つ情報を載せることが大事だと思います。

開店前から知ってもらうために

本屋開業の話を訊かれていつも違和感があるのは、「どういう店をつくるか」という品ぞろえやコンセプトの話は細かく訊かれても、「それをどう知ってもらうか」という話を訊かれることはほとんどないということです。むろん、宣伝ばかりに気をとられ、肝心の店の中身が来た人を満足させられるものではないようでは本末転倒ですが、昔のように「いい店をつくれば、わかってくれる人が現れて、そのうち繁盛するようになるだろう」ということは、この時代ではとても悠長な考え方のようにも思えます。

自分が店を始めると決めた段階では、それはまだ自分のなかでの出来事であり、他の人はその人の店については一切知らない状態です。そんな状態のまま店を開店しても、誰も知らないわけですから、通りかかった人が少しだけ足をとめてくれる程度でしょうか。自分の店が開店したときに、最初からお客さまが来てくれるようにするためには、自分がこの場所に店を出すということを開店前から外に向けて宣言し、興味を引き付けておく。それを開店準備の作業と並行して行わなければなりません。

開店準備と並行してブログを書く、ということは店を出そうと思ったときから決めていました。実際に「Title以前にもそうした試みを行い開店した本屋はいくつか見ていましたので、特に新しい試みだとは思っていません。しかし、そうした店のブログを見て思っていたことは、初めは詳しく書いているのだけれど、いつの間にか開店準備の忙しさにまぎれ（ここは想像です）、更新の頻度や記事の文章の濃度が落ちていくということでした。ですので自分のブログでは、一定の頻度で開店の前日まで更新し続けようと決めていました。開店するときに起こったり決めたりするさまざまなことを、網羅的に書くことができれば開店に向けて良いコンテンツになるなと思っていました。

開店前ブログは二〇一五年一二月から始めました。同じ日には仮のウェブサイトとTitleの公式ツイッターアカウントも始めました。ブログには「もうすぐあたらしい本屋が生まれます」というタイトルをつけ、Titleができるまでを、一軒の本屋が生まれるために必要なコンセプトづくり、物件探し、商品選定などの事項に分け、ドキュメント風に書いていきました。新刊書店を個人で始めることは珍しいと言われていたので、ブログが続いていくうちに、本屋に関心のある人は見てくれるだろうという期待と、あとに続く人がいれば少しは参考になるかもしれないという思いもありました。ただし店の知名度がないあいだは、ブログを見つけて読んでくれる人の数は限られるので、ツイッターも同時に始めて、ブログを更新したことを発信したり、「今、商品を積んだトラックが入ってきました。」などと臨場感を出すためにリアルタイムな情報を店の準備と並行して書いていました。

このときにはすでに、ブログで六話分くらいの内容は書き溜めてあり、二、三日おきに情報を小出しに更新することも決めていました。夏からの準備期間中、「これはブログに使おう」などと考えながら、nakaban さんとの打ち合わせに行った広島や、ワイナリー見学、物件見学などの写真は必ずブログ用に撮るようにしていました。

この開店前ブログは、ツイッターで早いうちに拡散できたこともあり、多くの方が見てくださったようで、開店直後に来られたお客さまのなかには「ブログを見ていました」と言ってくださる方が多くいらっしゃいました。

現代人は移り気ですから、ブログ開設から開店までの期間があまりに長いと関心が離れてしまいます。開店が確実になる一カ月前くらいから情報を集中して出し、しかしそれが途中で途切れることのないよう、あらかじめ告知のスパン、章立てなどをゆるやかにでも決めておくことで、最後まで書ききることができました。それでなくても、開店直前は、〈不測の事態〉がいつだって起こるようになっているのですから。

定休日をつくる

新刊書店には、「いつ行っても開いている場所」というイメージがあります。日本の書店は雑誌を販売している店がほとんどなので、雑誌が発売される日には店が開いているものだという期待があるからでしょう。

Titleは、一日に約五万円から一〇万円を店頭で売ればよいと想定していたので、それでは人は雇えない、雇ったとしても、たまにイベントなどで手伝いに来るアルバイトのみと考えていました。そうすると、最低でも週に一日は自分の休みがほしいなと考えた場合、定休日をつくるか、自分が休みの日に店を任せられる人を育てるかのどちらかになります。そんなに都合よく、店を任せられるような人材が現れるのかわからなかったことと、仮にそうであるにせよ、店が開いている時間は意識のいくらかはそこに行っているだろうから、気の休まるときがないのではないかと考えました。まあ、個人の店だし、そこは割り切って休みを入れてしまう宣言をしたほうが良いだろうということと、雑誌を定期的に買う人は減っており、売上の割合としてはこれからも減る一方だろうということで定休日を設けることにしました。

幸い隣がセブン－イレブンなので、週刊誌は隣で買ってもらえばいいと考え、週刊誌発売日のなかでもいちばん影響のなさそうな水曜日を定休日と決め、毎月一回は連休がほしいので、売上の谷間の第三週の火曜日も休みにしました（本屋の売上は一般的に、多くの会社の給料日である二五日を境に伸び始め、月末月初までは割と良く、懐具合が寂しくなってくる月半ばにかけて減ってきます）。

個人で店をやることの良いところは、営業日・営業時間を自分で決めることができるということです。ゴールデン・ウィークや夏休みに関しても、一年目はどういう状況かわからないので、通常の定休日どおり営業をしましたが、自分の心身のバランスを保つためには、二年目からは夏休みの導入や、営業時間の見直しをしてもいいかなと思っています。

些細なことですが、店と住んでいるところは近ければ近いほど理想的です（店舗兼住宅というかたちは、やはり小商いに最もフィットするかたちでしょう）。物件を探す際に、せっかく会社も辞めたのだから、もう通勤電車には乗りたくないと思っていました。今は自転車で家から二〇分ですが、それでもやはり遠いと感じています。家が店に近いメリットは、とにかくすぐに駆けつけられるということがあるのですが、意外に重要だと思ったことは、店のそばに住むことで交通事故の危険が少なくなるということです。東京は車が多く、毎日二〇分かけて自転車で往復していると、「この交差点危ないな」というところが必ずあります。店を続けていくなかでのいちばんのリスクは、自分の健康状態です。何しろ、今の状態では自分が店に行かない限りはすべてが立ち行かなくなるのであり、「もしいま自分が事故で死んだら」という想像は、なくなるときはありません。自分が元気でいれば、業績が悪くなってもいつか取り戻せるかもしれませんが、店を経営する人間になった以上、自分が五体満足で毎日そこにたどりつくことに責任を持たなければならないと思っています。それには、長く続けるということを念頭におきながら無理をせず、仕事の環境を整えていくということが大事です。

開店前夜

物件が決まり、メインの取引先が日販に決まり、日販への書籍の注文、直取引をしている取引先への注文を済ませ、ある程度内装工事の日程も見えてきたところで、季節はすでに一二月中旬でした。開店日はまだ公にはしていないものの、一月一〇日と決めており、それに向けて最終の仕事を進めていく段階になりました。

内装は、基本的に壁や天井は補修以外のことはしない、床は既存のものをとり、板を張り替えて塗装したうえで什器を組み上げていくというやり方にしました。そんなに時間はかからないかなと思っていたのですが、こちらから支払う費用だと、職人を大勢呼んで作業することができません。基本は中村さんが一人でコツコツやっていたので、予定よりも延びており、商品を入れた一二月二一日には、まだできあがっていない什器がありました。

朝の九時三〇分、脇に「文藝春秋」と書かれたトラックが店の前に駐まり、一五〇箱の荷物を運びこむと、がらんとしていた店のなかが、急にもので溢れかえるようになりました。

その日は日販三名に荷物開けを手伝ってもらい、「文芸」「えほん」「コミック」などあらかじめ壁の棚に貼っておいた大まかなジャンル表示に従い商品を置いていきました。自分で注文をしたのでどんな本が入ってくるかは知っているはずなのですが、実際にそれが本というものとなって、一冊一冊入ってくるとまた違う感じがします。大きさ、紙の質感、佇まい……。パソコンのデスクトップのなかにある書名と、実際にそこにある本とでは、発する情報量が違います。そうした言葉にならない感覚を感じながら、リファレンス機能を重視した基本的な見やすさのルールは押さえつつ、大きさや色をそろえたり、一緒に読んでもらいたい本を並べて置くなど実際に入ってきた本の特徴を活かしながら棚に並べていくのが本屋の仕事の醍醐味です。一冊だけでは一冊の本にすぎないものが、ある規則に従いながらほかの本とともにずらりと並ぶことで、より深い意味を帯びてくる。そうした深まりが棚のさまざまなところにできあがりつつあるのを感じながら、一冊一冊並べていくのです。まだ棚ができあがっていない文庫や女性誌などは箱にしまっておきました。

本の注文をするときは、事前にある程度どこの棚に何の本を置くかという「棚割り」を決めておくのですが、実際には注文した本が出版社で品切れになっていて入らなかった、同じ冊数でも大型の本が多く場所をとる、そもそもざっとしか計算をしていないなどの理由で、棚割りどおりいくことはほぼありません。その場合は、現場で実際に入荷した本の量感を見ながら、本の並びの流れがあまり変にならない程度に、そこにある商品に合わせて棚割りを随時変えていきます。大型店であれば、お客さまが目的のジャンルまでたどりつきやすいようにジャンル分けをして棚割りを設計するので、あまり突飛な並べ方はできないのですが、Titleくらいの大きさの店であれば、ぐるりと見渡せばどこにどういう本が固まってあるかは大体わかります。「ここに置いている本の並びはなんだろう」というような既存のジャンル分けにはあてはまらないような曖昧な部分を残しておいたほうが、それを見る人の視線を止めるような引っかかりが出て、棚のアクセントにもなり面白いと思います。

同じような意味で、棚に本が入った光景を見たうえで、本のジャンルのサインをつけるのをやめました。多くの書店では、壁に「雑誌」「ビジネス」などの大きなジャンルを表すサインがついており、棚のなかにはさらに細かく「自己啓発」とか「文書の書き方」などというプレートが入っています。しかしある程度棚に収まった本を見ているうちに、「これはこうしたジャンルの本ですよ」とこちらで括ることが、狭い空間ではかえってうるささを出してしまうと気づきました。本はゆるやかに他の本ともつながっているので、カテゴリー分けをすることは、そうした本のつながりを分断してしまうようなことにもなり、並んでいる本を見ていく面白さを削いでしまうのです。

Titleに入られて、普通の新刊書店と雰囲気が違うと感じられる方も多いと思いますが、多くはこのサインがないという静けさに起因しているものだと思います（後述しますがPOPもありません）。

本と同時にカフェの備品の運びこみも始めました。しかしカフェのほうも内装待ちのところが多く、実際に厨房を使ってメニューをつくるということを年が明けるまでに行うことができませんでした。これは妻にとってはかなりのストレスだったようです。年が明けてから何日かで厨房が完成し、食器があるべき場所を決め、オペレーションを考えるというぶっつけ本番のようなスケジュールになりました。

実はカフェのメニューのなかに、このころまで「カレー」という、今Titleのメニューにないものがありました。カフェの客単価を上げるには、どうしてもフードメニューがいる。フードメニューで、何があるとお客さまが嬉しいかということを考え、「カレー」に落ちつき、実際にレシピも考えていたのですが、それもまだぼんやりしたものしかできていない。しかも基本的には一人で回すオペレーションなので、実際にはよほど慣れていないと、フードもドリンクもいい加減なものになってしまうように思えてきました。

「とりあえず、ドリンクのみでスタートするか……」とどちらともなしに言ったのがきっかけで、ふっと気持ちが楽になりました。最初から全部やらなくても、徐々にそろえていけばよいのではないか——それがカフェの方針になりました。カレーの写真をウェブサイトにアップするために待たせていた宇賀田さんにその話をすると、がっかりされるかと思いきや、「今は、メニューを小出しにして、来店したり、ウェブを見るお客さまに飽きさせない工夫をしているところが多いのですよ」と言われ、ならば良かったと思ったことを覚えています。

その年は、大晦日の日まで根《こん》をつめてやりました。同じ日まで作業をしていた中村さんは、大晦日の最後の作業として、床と什器の塗装をしていくとのことでした。塗装を乾かすのに丸一日はかかるとのことなので、ちょうど元日を休養日にあてて、年明けは二日から作業をスタートさせることにしました。

　一人でやれることは、時間の制約がある以上ある程度決まっています。この段階では、やれることを、やっていくしかありません。年が明けてからは、少しずつ棚にある商品の微調整を進めていき、ウェブサイト用の店内写真を写真家の齋藤陽道《はるみち》さんに撮っていただいたり、開店後すぐ出る雑誌の取材を受けたりしているあいだに、オープンの日が迫ってきました。

　開店して、お客さまを入れる前に、どうしてもやっておきたいことがありました。それは、物件を私たちに貸してくれた大家さんに「あの場所がこうした本屋になりました」というのを先に見ていただきたいと思っていたのです。オープン二日前の一月八日、大家さん一家が店に入ってこられたとき、その言葉は「あの家がねえ」というものでしたが、表情は笑顔でした。長く続けていくにあたっては、まず自分たちが信用できる者だという関係をつくらないといけません。大家さん一家の嬉しい反応を見ながら、店づくりはそんなに間違った方向ではなかったのだなと思いました。

　開店前日の一月九日、中村さんは、忙しそうに横で木を切っていました。まだ、女性誌の棚ができていなかったり、カフェの厨房で仕上がっていない部分があったりしました。夜にはできあがるということなので、それを信じて自分は他の作業を進めていました。明日から営業となると、一日の動きを考えて、オペレーション上の準備物も必要になります。釣銭、ブックカバー、ポリ袋。レジがちゃんと動くかどうか接続の確認……。

夜にブログの最後の更新をすると、かなりの反応が即座にありました。本当にこの店に人は来るのだろうか、ウェブ上の反応がリアルな反応となってかえってくる、そんなことが起こりうるのかどうか。それは本当に開けてみないとわかりません。そんなことを思いながら、とうとうできあがった女性誌の棚に商品を並べ、この日からフルオープンしたウェブサイトに情報を打ち込んでいると、すでに夜の三時くらいでした。カフェのほうを見ると、これもやっと厨房に必要なものを並べ終えた妻が、疲れ果てたように立っていました。まあ、翌日もあるんだし。自転車で帰れる場所で良かったなと思いました。

第4章　本屋開業

物事を始めるには良い日

二〇一六年一月一〇日、日曜日、空はさわやかに晴れていました。昨夜は三時間くらいは横になれたでしょうか、何となく起きて身体を動かすと、「とうとうこの日が来たか」という気持ちになりました。これからが長く終わらない本番の始まりなのです。八時になると、事前に原稿を書き自動的に更新されるようにしている「毎日のほん」の最初の更新が間違いなくされているかを確かめ、ツイッターで第一声を流しました。

「【毎日のほん／1月10日】この本がなければ、そもそも本屋になっていなかったかもしれない。そんな、本の世界にいざなってくれた本。……とにかく全ての言葉が新鮮だった。」（『ナイン・ストーリーズ』〔J・D・サリンジャー著、野崎孝訳、新潮文庫〕について）

一〇時前に店に着くと、外で内装業者の中村敦夫さんが缶コーヒーを飲んでいました。そういえば、中村さんは終わっていないワックスがけなどの作業のために昨夜は徹夜でした。レジにあらかじめ両替しておいたお金を入れ、掃除したりしているあいだにも、次から次へとお花が届きました。取次や出版社、昔の同僚、家族・親戚関係……。狭い店のなかがたちまち花でいっぱいになりました。

花を置くために少しシャッターを開けると開店にはまだ一五分もあるのに、早くも待っている人たちがいました。それも自分が全然知らない、近所の人と思える人。特に縁があるわけでもない地で、もの好きに始めた店に本当に来てくれる人がいる。感動するというよりは、「本当に来たのか……」という不思議な気持ちでした。

一一時になりシャッターを全開にして、表で待っていてくれた一二～一三名の方にお礼を言ってから入ってもらいました。待っていた出版社のKさんにはバラの花を一輪いただきました。最初に売れた本は、フリー編集者の鹿子《かのこ》裕文《ひろふみ》さんがつくっている福岡の「宅老所よりあい」のリトルプレス『ヨレヨレ』第四号（発行・ドンパン商店）でした。そのお客さまはとにかくその本が早く読みたかったようで、開店と同時に『ヨレヨレ』を五〇〇円で買い、「鹿子さんは文章が面白いです。トークイベントをしてください」と言い残して、すぐに退店されました。

どんなに良くできた店でも、誰かがレジでお買いものをしてくれるまでは、店とは言えません。Titleもそこで本が売れて、初めて店としての息が吹き込まれたようでした。そこからは、どこで開店を知ったのか次から次へとお客さまが押し寄せ、レジは順番待ちになりました。狭いレジカウンターのなかは、知り合いからいただいたお酒やお菓子など、たくさんの開店祝いでたちまち溢れかえりました。中村さんは嬉しそうに開店を見届け、自分の仕事はひとまずこれまでと、眠そうに帰っていきました。

開店日が三連休の中日《なかび》の日曜日だったということが客足に影響したのかもしれません。通常、店の開店日は平日に設定し、そこで少し店の状況を確認しておいて、たくさんのお客さまが来る初めての土日を迎える……というやり方が常道のように思います。では、なぜその日にしたのかと言えば、まず無収入の時期が長引いていたので、早くお金を稼ぎたかったこと、しかし開店日にふさわしそうな平日がその前週には暦上見つからず、一〇日が「一粒《いちりゅう》万倍日」と言って物事を始めるには良いとされている日だったこと。そして、書店のオープン日には、スーツを着た取引先関係者が挨拶に来るというのがよく見かける光景なのですが、どうもそれが好きではなく、特にこうした街なかの小さな店でスーツの人がたくさんいても違和感があるな……と思っていたので、そうした人が来ない休日、取引先の人も私服でお客さまとして楽しんでいただけるような日曜日を開店日として選びました。みんな思い思いの服装でいる、その祝祭感にあふれた様子を見ていると、この日にして良かったと思いました。

私も妻も、ほとんど食事や休憩する間もなく、気がつけばその日一日が終わろうとしていました。店は二一時で閉店ですが、最後のお客さまを送り出したのがそれを二〇分ほど過ぎたころ。シャッターを閉めてお金を数えてみると、売上は五〇万円ほどでした。月の売上目標は二五〇万円くらいと決めていましたが、特に一日の予算を決めているわけでもなく、開店景気は見込んでいたとはいえ、一二〜一三万円売れればいいなと思っている日曜日で、それを大きく上回る売上は上々のスタートと言えるでしょう。お札の束を数えていると、それが初めて自分で稼いだお金のようにも思え、しばらくそれをじっと見ていました。

開店後の日々

開店後一カ月くらいは、多くの人がTitleを訪れました。おそらくそのうちかなりの人は、開店を知っていた業界の関係者、本好き・本屋好きの方だと思います。そうした方は、専門書、地方での出版物、リトルプレスなど、あまり通常の書店では見かけない類の本から手にとっていきます。平日の日中ともなると、そうした人に交じって、近所のご年配の方々や、子ども連れの若い夫婦の姿をよく見かけるようになりました（その方々が手にするものは、子どもに読ませるえほんだったり、人気作家の文庫本、雑誌だったり）。最初のころは、わざわざ来たという人のほうが圧倒的に多かったような気がします。調査したわけではないので感覚でしかありませんが、七割くらいはそうではなかったでしょうか。

しかし近所に住んでいると思《おぼ》しきよく見かける方でも、高額な専門書や、本に普段から親しんでいる人が読みそうな外国文学や詩集などを多く買っていただいていると いうことに気づきました。店の周りに住んでいる方が、外からわざわざ来る方よりも本を読まないということはありません。Title に来るお客さまがどこに住んでいるかを細かく気にするよりも、Title に来るお客さまはどんな本を読むのか、そして読まれる本にはどのような共通点があるのかを探していくほうが、店の品ぞろえを考える際に重要だと思います。

店を始める前は、品ぞろえのバランスとして、自分の嗜好に寄せたコアなものを四割、広く世間で受け入れられている本のなかから六割と考えました。実際に開店してみると、それは半ば合っていて、半ば違っていたような入り混じる実感があります。本は趣味性の高い、たとえば文学や芸術、歴史民俗などという分野と、実用性の高いレシピ本、家庭の医学、ビジネス実用、旅行ガイド、学習参考書などに大きく分けることができますが、開店して一週間も経つと、想定していたよりも、実用的な本が売れていないことに気づきました。駅前の大きな書店ではなく、わざわざTitleに来てくれるようなお客さまは、やはり他にはないものを買う傾向があります。一方で、「こうしたこだわっていそうな店には、自分がいつも買っているような本はどうせ置いてないだろう」と思い、そもそも店に入ってこなかったり、さっと見回してすぐに出ていってしまうお客さまも多いということです。

本は、新刊が入荷してきたときに、売れていない本を返品して入れ替えていくので、実用的な本が売れないなかでは、そういう本の数は自然と減っていきます。問題はそうした本の売上は「ゼロ」ではないということです。Titleは住宅街のなかにあるので、実用書のなかでも、衣食住に関する本は関心が高い。スポーツやビジネスなど一般に男性が多く買うもの（Titleにいちばん来ない客層は、丸の内に勤めていそうなビジネスパーソンです）を「同じ実用書」とひと括りにはせずに、本一点ごとに、「これはTitleに合っているか」と考えていく必要があります。

また、「Titleに開店当初より置かなかった種類の本として、学習参考書やライトノベルがあります。コミックも通常の書店に比べれば数や全体に占める比率はかなり少ないほうです。学習参考書は量や種類が多く、中途半端に置くくらいなら置かないほうがよいという判断からでしたが、通常の店では主力商品になるコミックやライトノベルがなぜないのかということは、たまにお客さまからも質問があります。その理由ははっきりしており、自分が置きたくないというよりは、それらの本に関して詳しい説明がまったくできないからです。もちろん長年リブロに勤めていたので、売れているコミックの作品や作家などはわかりますが、それはデータとしてその作品が売れているということを知っているだけで、なぜそれがよく売れていて、どこが面白いのかということまでは説明できません。自分がその内容をわかっていない本は、その置き方や、紹介の文章などにも自然と現れ、その本が好きな人にとっては「わかっていない本屋だ」と見抜かれてしまい、売上にはつながりません。それよりは自分がよく知っており、自信をもってお薦めできるものを置いたほうが、もともとその店で売れている本の数をより伸ばせるように思います。

雑誌はその人のなかで買う店が無意識に決まっている場合が多く、Titleが毎月決まった雑誌を買う店に選ばれるには非常に時間がかかります。そのきっかけとなるように、Titleでは入口左側のショーウインドウを使うようにしています。そこは常時一〇点程度の商品を、通りかかる人に対して見せられるようになっていますが、そこにはいつも『文藝春秋』『コロコロコミック』『きょうの料理』など、Titleにわざわざ来る人に売れるような雑誌よりも、一般的な需要のある雑誌を意識して置くようにしています。わざわざ来店される方は、ウインドウに何が置いてあっても気にせず入ってくださるでしょうが、いつも店の前を素通りしていく人に向けて、「あなたのほしいものもあるかもしれませんよ」というメッセージに使っています。

その甲斐あってか、開店して半年が経ったころには、すそ野の広い、『文藝春秋』『コロコロコミック』などは、開店当初は三冊くらいしか売れなかったものが、毎月一〇冊近くまで売れるようになってきました。一回でも買ってくれれば、「ここでも買える」ということをその人にわかってもらうことができます。

また、Titleのショーウインドウとレジの脇には、開店のときから「店頭にない本、お取り寄せいたします」というポスターを張り出しています。日販の「QuickBook」というサービスを使えば、翌々日には注文した商品が店に届きます。一冊につき本体価格の三パーセント＋二〇円と書店側の経費はかかりますが、それよりも「案外早く届く」ということを注文した方にわかってもらえることを重視しています。店を見渡したあとで「ここには絶対置かないんだろうけどね」と笑いながら、Titleには置いていない少年漫画や学習参考書を注文していく人もいます。注文をしてくれる方のなかには、その後何度も注文をされる方も多く、店の固定客になってくれる場合が多いので、ご注文をいただく前に必ず日販の在庫を調べて、「ご注文いただければ何日で到着します」と、その日付を伝えるようにしています。現在半分くらいの方は、そうお伝えすれば注文してくださっているように思います。

売上は、開店景気といわれるようなものが静かに引き始めた二月中旬あたりに落ち始め、三月、四月は目標としている月二五〇万円の売上にぎりぎり届く程度でした。しかし売上は種をまく時期と、刈り取る時期とがあり、悪くなった時期に何をするかで、その後の展開が違ってきます。

リブロの広島店にいたときも、競合店が出店した年は結果が出ずに苦労しましたが、その時期にさまざまなイベントを仕掛けて店の特徴を継続的にお客さまに向けて知ってもらった結果、翌年には毎月前年を超える売上を達成しました。Titleでも三月あたりから根気よく本の紹介をし続け、いろいろなメディアにも出ることにより、コアな本関係者以外にも少しずつTitleの名前が浸透していったようで、一般のお客さまが来られるようになりました。それから売上も再度伸び始め、六月末には開店景気のあった一月の売上を上回り、三〇〇万円に達しようかというところまで至りました。ある程度底打ちをすることで、その店が通常だとどれくらいの人が来て、いくらの売上になるのかがわかります。それにイベントなど通常とは別の要素を積み増しして、売上を伸ばしていくのです。

今では店頭にいても、「いろんなタイプの人が来ているなあ」と実感できるようになってきています。それがTitleの強みにもなりますし、安定した売上のベースをつくります。想定していたほど幅広い人に受け入れられているとは到底思えませんが、その萌芽はある一年目というところでしょうか。

本を紹介するのが本屋のしごと

Titleのウェブサイトを開くと、トップページの右端に「毎日のほん」というコーナーがあります。そこでは毎朝八時になると、その日の日付と、その日紹介する本の書名、著者名、出版社名、一四〇字程度の紹介文が自動的に更新されるようになっています。一四〇字程度というのは、ちょうどツイッターで紹介できる程度の文字数ということです。ウェブサイトをつくるときに、ウェブデザイナーの宇賀田直人さんと「何か毎日見にくるのが楽しくなるような小ネタがあると良いですね」と話をしていたのですが、自分自身に特別面白い何かがあるわけではなく、できることといえば本の紹介くらい？　ということで始めました。

しかしこのコーナーには思わぬ副産物がありました。毎朝八時に更新されたのを確認したあと、その文章の一部をコピーして、ツイッターに載せることが自分の日課になっていますが、店頭でもネット上でも「毎日のほんをいつも楽しみに見てます」と言ってくださる方が多いのです。ツイッターには本の紹介文だけを載せ、書名や著者名はあえて載せずに、リンクを貼っているウェブサイトにきてはじめてその書名がわかるようにしましたが、その間に見る人が「これはあの本ではないか」と想像する余地がある、ちょっとしたクイズのようにしました。新刊の紹介などは、見た人がそれを求めやすいように本の表紙も映してどんな本かわかるようにしていますが、この「毎日のほん」では見る人の想像力に訴えるようにしたいと思い、特に本の表紙は載せてはおらず、アーカイヴも見ることができないようにしています。

住んでいる場所も遠く、Titleにはなかなか足を運べない人でも、東京に来る用事があったときに、ツイッターで流れてきた「毎日のほん」でTitleのことを思い出し、わざわざお店に来てくださる方もいました。また、東京に住んでいても、自分の生活圏以外の沿線にはなかなか足を運ばないものですが、「毎日のほん」で紹介したなかに、何か琴線に触れる本があったのでそれを買いにきたという方もいます。

毎日やるかは自分で決めることであり、「折々の本」のようにぼやかしたタイトルにしておけば、何かしら逃げ道のようなものはつくれます。しかし、これだけさまざまな情報に溢れている今、「この人は何かしらそれに捧げている」ということが暗黙裡にも見ている人に伝わらないと、見ている人のこころは動かせないし、ましてや足を運ばせることはないと思います。「毎日のほん」は、「本を紹介するのが本屋のしごと」という、前から自分が思っていたことをかたちにしてくれました。

Titleでは「毎日のほん」とはまた別に、その日に入荷した新刊やロングセラーを、写真をつけてツイッターで紹介しています。そこでは、「その本はどこがすばらしいのか」ということを考えながら短い文を考えます。文章がよい、装丁がその本と合っている、その本の言わんとする考え方がすばらしい、今、出版されることに意義がある……。その本を手にとり、ぱらぱらめくって眺めながら、思い浮かぶことを二、三のセンテンスにして言い切るのです。

またその際には、なるべくその本の帯などで宣伝している文句とは重ならないように気をつけています。表紙の写真を撮り載せているので、そこに書いていることと同じことを言っても面白くありませんし、それは見る人にとっても同じだろうと思うからです。Titleでは付けていませんが、書店の店頭によくある書店員が書くＰＯＰもまったく同じことが言えます。自分の思ったことを素直にそこに書くことがそれを見たお客さまにいちばん伝わります。最初は下手でもいいから書いているうちに、自分なりの方法が見つかるのです。

よく「ツイッター、本を買うときの参考にしています」と好意的に言われることがありますす。ということは、その方は自分が紹介した本を他のお店で買っているということですが、それは別に気にしていません（一〇〇パーセント気にしていないかというと、そうでないところもありますが、そんなものだろうと割り切っています）。

商いの基本からいうと、売りたい商品をほめ、紹介するのはどの商売でもあたりまえのことなので、それは店頭であろうが、ネット上であろうが同じことだと思います。本を紹介し続けるのは、Title はこういう店ですよということを広く紹介するためでもあり、店のファンづくりと思いやっています。それを見る人が増えれば、店に来るお客さまも増えます。そしてたまには、「先ほど紹介されていた本はありますか」とか、昨日の「毎日のほん」で紹介した本をわざわざレジにお持ちになる方もいるので、売上にまったくつながっていないわけでもないのです。

以前、新潟にある北書店の佐藤雄一さんが「辻山さんがツイッターで紹介していた本が、北書店で客注になるのですよ」と笑って話してくれましたが、自分の紹介した本が、知らない土地の書店で、それも Title と同じように個人でやっている書店で注文されるのであれば、本望だなあと思いました。

「邪魔をしない」という姿勢

　前の章で、Titleには書店でよく見かけるようなPOPがないという話をしました。商品によっては、そのまま置いていたのではそれが何であるかがわからず、どうしても説明が必要なものもあるので、そうしたものには説明書きをつける場合はありますが、多くはなかを読んでもらえればわかるので、そのまま置くようにしています。

　本屋は〈本〉を売る場所なので、一冊一冊がきれいに見えるように並べることに、その肝があるように思います。店頭に並んでいる本を選び、気に入ればそれを購入するのはお客さまなので、本屋にできることは、なるべくお客さまと本との出合いがスムーズにいくように、邪魔をしないということです。

　Titleの店内は狭いですから、POPを置くとその後ろの本が見えにくく、とりづらくなりますし、本よりも大きな声で語りかけるようなPOPは店全体のトーンを変えてしまいます。あくまでも店の主役は〈本〉なので、その本より目立とうとしてはいけません。

「声」と言いましたが、本には一冊一冊声があるように思います。静かだが、強い声を持った本は、それが手にとった人にも伝わるのか、そうした佇まいを持つ本は少し前に発売された本であっても少しずつ売れていきます。たとえば、岸政彦『断片的なものの社会学』（朝日出版社）という本は、私がリブロを辞める少し前に出た本です。時期が経っているのでいちばん目立つ新刊台に置いたことはありませんが、それでも「置いておくと減っている」本で、開店後累計で五〇冊以上は売れています。二〇一六年五月に刊行された、天使の聖母トラピスチヌ修道院著『天使園「祈り、働け」の日々』（亜紀書房）という本も、レジから見ているとふと手にとられることが多い本です。修道院の生活を修道女たち自身が描いたスケッチ集で、一日何冊も売れるという派手な本ではないのですが、それでもこのレジで何回も目にしており、しかもお客さまが大事そうにお持ちになる本です（書名は書きませんが、「摑んで、無造作に持ってくる」という本もあります）。お客さまが二〇〜三〇分店内を見回したあと大事そうに持ってこられる本は、店のなかに置いてある本から吟味して持ってきたということがわかります。何回かそうしたことのあった本はTitleと相性の良い本だということがわかり、店にとっても大事な本になり得ますので、長い期間をかけて売っていく必要があります。

このお客さまと本との出合いを邪魔しない、というTitleの姿勢はさまざまなことにいえます。店頭でかける音楽もそうですし、店のレイアウトも、店の主人の視線をお客さまが直接感じることなく本を選べるようにしてあります。店内は自然と静かな雰囲気になっているので、本を探しに来たお客さまからは「この中にはずっと居られるよ」と言っていただくこともあるのですが、もう一つ、いいことがあります。そうした状態を保っていると、店側からすると困る客（万引き、大声で話しものを荒らしまわる人……）は、入った瞬間「違うな」というものを感じるのか、あまり来なくなります。

本を並べる際には以前から「意外性」ということを重視していました。お客さまが目的のものを探しやすくするために、独りよがりにならないということは大事ですが、あまりに教科書的に整然と商品が並んでいるだけでは、何か「引っかかり」が足らないのです。基本のジャンル分けは押さえながら、そこから何かしらはみ出るもの（たとえば単行本のなかに文庫本、新刊本のなかに古本、一般流通の本のなかにリトルプレス……）を挟んでおくと、その異物感が引っかかりとなり、その本が実際に買われるかどうかはその本次第ですが、その置かれている棚は見てくれるようになります。

意外性という意味でいえば、お客さまが「この店はこうした店だろう」と無意識にカテゴライズする枠組みを積極的に外れていくことも重要です。今ではあたりまえになった本屋に雑貨が置かれていた光景も、それがその店に置かれるべきものであれば、始まりのころは新鮮なものでした。自分が名古屋の店で店長をしていた一〇年前、インターネット古書店の海月《くらげ》書林や仙台のbook cafe 火星の庭、神戸のトンカ書店、書評家の岡崎武志さんや南陀楼綾繁《なんだろうあやしげ》さんなどさまざまな店や人に古本を出品してもらうという企画をしていましたが、新刊書店でチェーン店のリブロに、そうしたインディペンデントなものが置かれていることに意外性があったのか、好評で何回か続きました。

では、Titleの意外性とは何でしょうか。Titleは大型店の要素を盛り込んだ小さなサイズの本屋だといえます。大型店でないと入ってこない（需要がない）ような専門書、地方出版物を棚のなかに組み込んでいます。こうした本というものは、確実に求めている人がいて需要もあるのですが、実際にそれが売れている現場を見ていないと、その本を説得性をもって置ける場をつくれないし、大体が買い切りの条件なので、仕入に二の足を踏んでしまうということはあります。しかしいざそうした本を置いてみると、「こんな小さな本屋でこの本に出合えるとは思わなかった」と喜んで買っていただけるケースが多いのです。これは自分が一〇〇〇坪の店を見ていたからできることだとも思います。「こんな小さな本屋で」というところがポイントであり、小さい空間ながらも、雑誌、ベストセラーから、リトルプレスから、専門書から選んできたものをバランスに気をつけて扱うというところに「ありそうでなかった」というTitleの意外性を見つけようと思っています。

接客の発見

本屋は接客が必要とされない商売だといわれてきました。確かにどこかの書店に入って、何かの本を手にとった瞬間に、店員が寄ってきて「この本はですね……」と説明し始めるということは、ほとんどないと思います。自分も明らかに何か困っていそうな方以外には、こちらから声をかけることはしません。しかし、Titleを開いてみて、接客とは本屋に残された数少ない可能性の一つではないかと思うようになりました。

そう考えるようになったのは、思った以上に、〈人は誰かに何かを薦められたがっている〉と気づいたからです。特に何となく本を読んでみたいという人に、そうした気分は強いのではないでしょうか。確かに人に本を薦めるのは難しいことです。嗜好は人それぞれ違うので、趣味性の高い「本」に関していえば、ある人にとって面白い本でも、ある人にとってみればまったく琴線に触れないようなものであることが往々にしてあるからです。

自分もたまに「私に本を紹介してください」「この子に何か面白い本を紹介してください」という依頼を店頭で受けることがあります。そうした際には、対象となる人が普段読んでいるものなどをお伺いして、同じ系統にはあるが、その人にとっては少し意外性のあるものなどを紹介するようにしています。たとえば向田邦子や高山なおみなど、日々の暮らしを大切に綴っていくというタイプの作家を読んできた方には、大切に綴る対象が暮らしではなく馬、という河田桟《さん》の『馬語手帖』（kadi books）など……。『馬語手帖』は装丁から感じる女性らしい雰囲気が、普段読んでいるものと共通点がありそうということも選ぶポイントです。そうした情報がまったくないときは、読みやすいが内容が面白いものをいくつかご案内したうえで、最も反応がよさそうな本の系統を何冊か選んでくるようにします。いずれにしても、相手があることだと思います。そして多くの場合、お薦めした本は「じゃあ買ってみます」ということにつながります。

今、いろいろな場所で「これからの本屋はコミュニケーションが大事だ」ということをよく耳にします。わかったようで、何もわからない言葉というものがありますが、それに近い言葉でしょうか。しかしTitleのような小さな空間であれば、特に意識はしなくても普通にお客さまと話すようになります、というかそのほうが自然です。

お客さまと話すのは、本をレジまで持ってこられたときがいちばん多く、お客さまのほうから「前から来たかったのです」とか「この本があるとは思いませんでした」と言っていただいてから話を始める場合もありますし、お買い上げいただいた本が、たとえば自分が「毎日のほん」で紹介していたものだったり、ちょっと珍しいものであったりすれば「この本、もう出版社にないらしいのですよね」と言いながら、こちらから話すこともあります。特に接客をしているという意識もなく、わざわざ仕事として話すというよりは、「ああ、この本買ってくれるのですか、嬉しいです」という気持ちでその本について話をしているようなものです。そうすると、同じ作者にこんな本があるということになり、ではそれも買って帰ります……ということは本当によくありました。

大型書店にいるときは、こうしたことはほぼありませんでした。そこに来る人は、店員のことを「会計をしてくれる人」以上にはあまり見ることはありませんし、どちらかというと人との話を楽しむというよりは、自分の用事を急いで済ますという雰囲気の方が多かったので、基本的にはミスをしないで手早くやるということを求められていた気がします。

Title は都心から少し離れた荻窪という駅にあり、しかもそこから一〇分少し歩きますので、ここに来る方に急いだ雰囲気の人はほぼいません。だから何となく、くつろいだ気持ちにもなれて、会話でもしようかという雰囲気になるのだと思います。効率は悪いかもしれませんが、最初緊張して店に入ってきたその方が、長い時間そこにいるあいだに、次第にその緊張がほぐれリラックスしてより多くの本を手にとるようになり、来る前は思いもしなかった本と出合っていく、Title はそんな場所を目指しています。

イベントから始まるもの

Title最初のギャラリーイベントは、「本をひらく展Ⅰ／『悲しみの秘義』をひらく」というものでした。批評家の若松英輔《えいすけ》さんがナナロク社から出版した『悲しみの秘義』、この本は六種類のカバーのバージョンがあるという、ある種型破りなものですが、その装画を担当したひがしちかさんの原画と、若松さんの印象的な言葉を本のなかから選りすぐって展示しました。

若松さんという方は、普段はひどく冗談が好きで、お話が面白く、それでいて案外あっさりしているという印象なのですが、一転してその文章は、読む者の心にしみわたるような、静かで澄みわたる声でお話しされるようなものです。それはTitleに展示された短いセンテンスだけでも、読む人に伝わったとみえ、一人で何冊も買うお客さまや、Titleで買ったこの本をビブリオバトルという本を紹介する大会で採り上げたところ優勝したとか、展示だけでは終わらない拡がりを見せて、展示期間中は一七〇冊、その後も累計で三〇〇冊を売り上げています。この『悲しみの秘義』はTitleでなければ買えないというわけではありませんので、よほどこの店の雰囲気と合ったのだと思います。

Titleでは、写真やイラスト、漫画、立体物などいろいろな作家さんがこれまでも展示をしていますが、「文章そのもの」の展示は、ことばの力というものをビジュアル化する、本屋ならではの展示だと思います。そうした流れはその後、詩人の最果《さいはて》タヒさんの詩の展示や、写真家の一之瀬ちひろさんの「日常と憲法」という展示のなかで、憲法の条文をそのまま展示するというものにも結実しています。「日常と憲法」は期間中に一之瀬さんが朝日新聞に採り上げられたこともあり、毎日電話でこの店の場所の案内をしなければならないほど、Titleのことを知らなかった方が多く訪れた展示となりました。

Titleでは、大きな書店にあるような、期間で内容が変わっていくブックフェアをするスペースがないので、二階の展示企画は重要視しています。こうした展示を行うことで「今、こうした催しものを行っていますよ」と告知ができ、展示をしている作家さんのファンの方はもちろん、ぼんやりと「いつかは行ってみようかな」と考えていた方をせっかくの機会だからとお店に呼ぶような要因になります。展示期間は二〜三週間ですが、その展示内容の幅を広げることで、期間ごとにそれだけ違うお客さまを呼んでくることもできるのです。

こうした展示の話というものは、作家さんや出版社の方からやりたいとお話をいただくこともありますし、こちらからお願いする場合もあります（半々くらいでしょうか）。スペース料はいただかない場合がほとんどですが、その代わり他では売っていない、ここでしか買えないものもご用意していただくようにお願いしています。多くは作品や、展示のためにつくったリトルプレスのようなものですが、そうした限定性をうまく使えば、不便な場所でも人はやってきます。二階では展示のあいだをぬって、作家さんのフリーマーケットや古本市など、人が呼べて、売上もとれるような企画も行っています。

店内では月に三〜四回トークイベントも行っています。トークイベントは二階で行っているのですかとよく訊かれるのですが、もとが古い民家のため床が抜ける恐れもあり、一階で可動式の什器を動かしてスペースをつくり行います。参加できる人数は三〇人弱です。

トークイベントは新刊が発売されたタイミングで行うことが多く、展示と同様に、話が持ち込まれるものと、こちらからお願いするものと両方あります。イベントを続けるにあたっては、この「こちらからお願いする」という企画が重要になります。それを続けないと、いつか本数は減っていきますし、行うイベントの内容・質がバラバラなものとなってきます。ある程度自店発の企画を中心にして回していかないと、イベントが徐々にその店の方向性から離れたものになっていく危険性があります。「その店で何をやるか」は、「その店はどんな店か」ということと不可分なので、ある程度店側でハンドリングしていく必要があります。

展示やイベントの醍醐味は、そこで著者の方や、出版社の方と出会うことができて、その関係がその後の企画にも結実していくということでしょうか。リブロのときからそうでしたが、イベントをやって面白いと思った方には、二度三度とその後もオファーをしました。ネット環境が生活のかなりの部分を変えてしまった今でも、人と会うという行為のなかには、何か特別なものが残っているように思います。実際にお会いして、お話しした方の著作が出れば、それは応援したくなるものですし、そうした関わりの強い作家・著者が増えてくれば、その著者さんが持つ雰囲気が自然とその店にのりうつり、その店の品ぞろえや雰囲気にも表れてきます。

著者が書き、出版社でそれが整えられて、さまざまなルートで届いた本を、本屋が売る。イベントはその本の関係者が集まり、そうした一連の流れが最も目に見えて感じられる瞬間ですし、またそこに参加されるお客さまにも、いつもとは違った体験を楽しんでいただける大切な場です。イベントが終わり、その熱量が高いときには、お客さまはなかなか帰らずに、お客さま同士や著者さんといつまでも話していることが多いのですが、そうした雰囲気は「本」が結びもつようなものの気がしており、とてもよい時間のように思います。

取材を断るとき

Titleがオープンして以来、さまざまな取材を受けました。その媒体もテレビ、ラジオ、新聞、雑誌、ウェブメディア、携帯アプリとさまざまで、訊かれることもさまざまでした。しかし、影響力の大きなメディアだからといって、そこに採り上げられれば人がたくさん店に来てくれるかといえば、それはまた別のはなしだということがわかりました。確かに、テレビや新聞などを見る人は多く、それを見て来ましたという人もいましたが、「こうした店があります」というおざなりな記事では、どんな店か見に来ただけという人がどうしても多くなります。そうした人は店に入って足早に店内をひととおり歩いたあと、本に一冊も触れることもなく「ふーん」と言って大概はいつの間にか帰っていくだけです。

取材の効果は、それがどれだけ丁寧にこちらの真意を拾ってくれて、内容に反映させてくれるかにかかっています。ウェブメディアでも、文字量が多いようなところは、店のコンセプトや雰囲気まで丁寧に伝えてくれるものが多く、その記事をご覧になった方は、お店に来てもじっくりと時間を過ごされることが多いようです。「灯台もと暮らし」(http://motokurashi.com/bookshop-ogikubo-title/20160513)など、公開後「この記事を読んで来ました」と言って、本も買ってくれるお客さまを多く呼んでくれた記事もありました。

取材は基本的にはありがたいことですので、断らないことが多いのですが、断った取材もいくつかあります。そのほとんどはテレビで、大体において、時間がなさそうに「明後日の一四時から一八時にタレントの○○さんを入れてお店の中で撮影したい」と電話がかかってきます。テレビは、大人数のクルーで来られることもあり、そうした場合、Titleのような小さな店では、その時間に居合わせたお客さまが居心地悪そうにしていたり、帰ってしまうこともあります。また、そうした依頼はほとんどが、Titleのことをあまりわかってはおらず「流行っていると聞いたから」とか「町の本屋さんという雰囲気が番組の求めているシーンにちょうどよい」という程度の理由によるものです。お店として、まずそこに来ていただいているお客さまと、そうした取材依頼のどちらを大事にするかは店主の判断ですが、ゆずれない一線を持っておくことは大事かと思います。

嬉しかった取材のことも少しいうと、雑誌『散歩の達人』の取材で、詩人の谷川俊太郎さんがTitleを訪れたことがありました。各界の有名人が自分の好きな喫茶店を紹介するという企画で、谷川さんがTitleのカフェを指名してくださったのでした。谷川さんにはリブロ時代にも、〈ぽえむ・ぱろうる〉をはじめとしたイベントなどで何回もお世話になりました。オープンしてしばらくしたころにも、担当の編集者から「辻山さんの店が近くにできたみたいです」とお聞きになり、自宅がご近所ということもあって、ふらりと来てくださったことはよく覚えているのですが、まさか指名してくださるとは思わなかったので、びっくりしました。

その記事のなかで谷川さんは「Titleは、今の時代の新しい流動的なサロンになっていくかもしれません」と書いてくださいました。まさにそれは、Titleの目指すところです。一つの場所に本を中心として人が集まる。イベントのときはトピック・作家を中心に人が集い、普段も何となく店主と客が会話をしたり、客同士がそこで話をしたり、そんな店にならないかなと思っていましたが、それをそのまま言い当てられたような気がしました。

WEB SHOPオープン

本屋の基本的な定義は、ある場所に店舗を構え、そこに広さや場所に合った品ぞろえをして本を並べ、お客さまにご来店いただき、本を買っていただくというものだと思います。ただ現在では、もう少し広義の〈本屋〉論が盛んになってきています。そこでは本屋という言葉を「本を売るだけではなくさまざまなかたちで扱い、それを仕事にしている人」という広い意味で捉えています。旧来の意味での本屋だけでは、商売として成り立たなくなっていることもあり、本を使ってさまざまな商売のあり方を考え、実店舗で本を売るという本業にプラスして行うことは、商売として本屋を成り立たせていくときに、これからますます重要になっていくと思います。

先ほどの定義でいえば、まず「ある場所に店舗を構え」というところが崩れてきています。決まった場所に店舗はないけれども、イベントや人が集まる場所に出向いていく移動式店舗も出始めていますし、インターネットを専門に販売をしているところもあります。

Titleでは、WEB SHOPを二〇一六年九月一日から始めました。

Titleを始めてすぐ、「通販はやっていないのですか」という問い合わせをよくメールや電話でいただきました。通販は「ここでしか買えないもの」「同一の商品でも値段の選択肢があるもの」と相性がいいので、古本や洋書、オリジナルプロダクツ、一点ものの雑貨などに向いており、「どこでも同じ値段で買える」新刊本には向いていないといわれてきました。しかし、インターネットで商品を買うことに抵抗のない人が増えてきたのか、割とそうしたことには執着せずに、ネットから情報が流れてきたら、すぐその場で買うという人が増えているように以前から思っていました。全国どこに住んでいても、気に入った店があればその店がどこにあろうと買うことができる――というインターネットショッピングの特徴は、Titleを気に入ってもらえれば使ってもらえる可能性につながるように思いました。実店舗だけでは続けていくうちに商売は厳しくなっていくかもしれませんので、補完する「売場」となるWEB SHOPは個人で店を始めると決めたときから必ずやると決めていましたが、実店舗オープン後にそれにかかりきりになってしまっていたので、WEB SHOPを始める時期が延び延びになっていました。

結果的には、WEB SHOPのオープンが九月に延びてよかったと思っています。一つには実店舗がある程度の認知をされてからのスタートとなったので、「Titleのことは知っているが、遠方に住んでいるので、来たくてもなかなか来られなかった」という方に使ってもらえるようになったこと、また一つには、自分がWEB SHOPに関して少し落ちついて考える時間を持つことができたということです。

実店舗を始めて、Titleで売れる本の特徴が少しずつ見えてきたころから、TitleのWEB SHOPは実店舗での本の売り方が反映されるものがいいと思っていました。

WEB SHOPでは、一般の書店には置いていないようなリトルプレスや雑貨なども販売していますが、全国どこの書店で買える本でも、それがTitleで薦めたいと思う本であれば積極的に販売しようと思いました。そのほうがTitleの姿勢をより伝えるものになるでしょうし、Titleが日々ツイッターで紹介する本を手がかりにWEB SHOPを見に来られるお客さまには、Titleが薦めている本かどうかが大事であり、その本が一般に流通しているものかどうかはあまり関係のないことのように思えました。WEB SHOPに載せる商品が珍しいものであるかどうかを気にするよりは、店内でよく売れている、Titleらしい本について紹介文を丁寧に書いたり、商品によっては本の内容がわかる写真を増やすということを心がけています。

WEB SHOPも実店舗同様、全国にたくさんの店があります。そのなかからわざわざTitleを選んでもらうには、まず実店舗を認知させる必要があり、他のサイトにはないような何かオリジナルなサービスを考えなくてはなりません。TitleはWEB SHOPを開くころには、ツイッターで本を紹介することが店の特徴にもなっていたので、WEB SHOPでお買い上げの方には『seasons』という季節ごとに本の紹介をしたエッセイを一枚の紙にまとめ、商品を送る際に同封することにしました。ちょっとしたことですが、顔の見えないお客さまと無機質なやりとりにならないように心がけています。

WEB SHOPのご利用者は、やはり地方にお住まいの方が中心でした。一万円以上ご購入いただくと送料を無料にしていますが、このサービスを利用されるのは、ほとんどが遠方にお住まいの方です。驚いたのは、他の書店で買えるであろう商品も、たくさんウェブからご購入いただいているということです。

Titleのツイッターアカウントをフォローしてくださっている方は、一万人以上になっています。顔こそ見えませんが、ウェブ上でつながっている方も、実店舗近隣にお住いの方とはまた別のコミュニティといえます。

今は、無料でウェブストアをオープンできる個人向けのサービスが増えています。クレジットカードやコンビニ決済など、お客さまは好きな支払い方法を選ぶことができ、決済をサイトの運営会社が行う代わりに、販売者は手数料（Titleが使用しているSTORES.jpの場合は販売金額の五パーセント）を納める仕組みです。STORES.jpでは、販売している商品の写真が大きく写り、サイト全体のデザインもシンプルでわかりやすかったので、自分はこのサービスを選びました。STORES.jp 以外にも、同じようなサービスがありますので、使いやすそうなものを選ぶとよいと思います。

店舗の外に仕事をつくる

Title では「ブックセレクション」という仕事も行っています。雑貨屋やカフェなど通常は本を扱っていないのだけれど、本を置いてみたいという店から依頼を受けて、その店に合うような商品を選び並べるという仕事です。従来の書店でも、美容室や企業向けに本を卸すという仕事はありましたが、ブックセレクションはそこに選ぶ者や店の個性を付加価値としてつけながら選書をするということが特徴です。卸先を増やせば、それだけ本が売れる機会が自店以外にも増えるということですから、Title のウェブサイトにも「ブックセレクションの仕事も行っている」ということを書いて、積極的に仕事を募集しました。

販売用の本を Title から卸すケースや、展示用の本をご購入いただくケースなど、お相手により要望もさまざまで、本の代金を割り引く、選書料が別途発生するなど条件も異なります。定価のないこの仕事では、本の代金を割引し、そのうえ商品の送料も負担していたら、手間ひまを考えるとほとんど利益が出なかったということもよく聞く話なので、相談の余地は残しつつもあらかじめ利益が出せる程度の、こちらの条件を考えておく必要があります。

Titleの名前での初めてのブックセレクションは、西荻窪にあるブックカフェ「松《しょう》庵《あん》文庫」のための本棚でした。築八〇年の民家が取り壊されると聞いたとき、その近くに住んでいた岡崎友美さんが一念発起してつくられたブックカフェです。その古い建物への愛着や、人が学ぶ場でありたいという気持ちなど、共感できるところも多く、依頼をお引き受けしました。

ブックセレクションの仕事は、お相手があってのことなので、そこに来られるお客さまの層や、本を置く狙いについて話を伺うことから始まります。しかし、わざわざTitleにお話をいただいたのです。Titleらしさは、その仕事のどこかに込めるべきと思いますので、選ぶ本のラインアップがTitleでいうとどこの棚に当たるのかを同時に考えます。松庵文庫の場合は、併設のショップにうつわなど暮らしの道具も置いてことあり、伺ったときにいらっしゃったお客さまもほとんどが女性のグループだったこともあり、そうした暮らしに関する本が中心になるのは間違いないと思っていましたが、それだけでは面白くないので、そうしたメインのお客さまには、どういう本なら暮らしの本と一緒に買っていただけるのかと考えました。

そういうときは、実際に店舗でお客さまの購入されている本を見ることが役に立ちます。Titleでも、暮らしに関する本に興味のある方はそうした本だけを購入するわけではなく、小説やノンフィクションなど違うジャンルの本を買っていかれるケースも多くみられます。そうした本を思い出しながら実際に松庵文庫に向けて仕入れた本は、植物学者の牧野富太郎のエッセイ集や、詩人の茨木のり子の家を撮った写真集、モーリス・センダックのえほんなどさまざまでしたが、実際に売れた本のデータを見ていても、暮らし・食の本というよりも、もう少し幅広い本が選ばれていることがわかります。松庵文庫の担当者の方からも、「以前よりも本の売上も上がり、本を手にとるお客さまも増えた」と喜ばれましたが、お客さまの層を想像し、その興味からはみ出さない程度に、少し珍しいもの、ずらしたものを置いてみる。外で売れる本の売り方も、実店舗での売り方に近いといえます。

販売目的ではない本のセレクションもあります。老舗和菓子屋の虎屋さんより、月がきれいに見える秋の季節に「月よみBOOK CAFE」という企画をやりたいので、本を選んでコメントを添えて並べてほしいというご依頼がありました。このときは東京ステーションホテル内の「TORAYA TOKYO」と「虎屋菓寮 京都一条店」の二店舗で、あらかじめ選んだ本を楽しんで店内でお読みいただき、コメントを載せたリーフレットをお持ち帰りいただくという企画でした。販売がないぶん、通常では高額で売りにくい商品だけれど写真や造本などの質が高いもの、〈月〉というテーマに直接は関係なさそうだけれど、文章で説明すれば見ているお客さまにもその意図をご納得いただけそうなものなど、選ぶこちら側としても販売とはまた違う想像力が問われます。『古今和歌集』（ちくま学芸文庫）に登場する月の歌を調べて紹介文を書いたり、今の若い人が月を見てどう感じるかを代表させたいと考えて、詩人の最果タヒの『夜空はいつでも最高密度の青色だ』（リトルモア）を選んだりと、冒険したラインアップを組みました。また、和菓子屋である虎屋で行う選書だということを意識して、茶人の木村宗慎《そうしん》が、季節の和菓子とそれに合ううつわを選び毎日写真を撮った『一日一菓』（新潮社）も選びました。

虎屋ではこうした〈月〉の企画以外にも、梅雨どきには雨にかかわる展示を行ったり、和菓子づくりには多くの場合その季節にちなんだモチーフを取り入れたりと、暮らしのなかに季節を取り入れることを大切にしている印象を持ったので、直接月とは関係ありませんが、詩人・白井明大《あけひろ》の『日本の七十二候を楽しむ　旧暦のある暮し』（東邦出版）という本も、虎屋の考えに合う本として選びました。期間中には、詩人で『月の名前』（デコ）という著作もある高橋順子さんをお呼びしての月に関するトークイベントもTORAYA TOKYOで行い、お茶とお菓子つきで三二四〇円と高額でしたが、三〇名の席が満席になるほどの盛況ぶりでした。

通常本を置いていない店にとって、本というのはそれ一冊で、店の哲学を表してくれるような、店のアイデンティティに深くかかわるような商材です。置く種類が少なく限られるぶんだけ、本のもともと持つ意味が強く意識されるのかもしれません。本を選ぶ前に、その空間にはできるだけ通い、ウェブサイトや関連する本を読んで、そこが何を大事にして商売を続けておられるのかを知ることが重要です。

こうしたブックセレクションは、クライアントのお店に来たお客さまという、普段はTitleに来ない方にも店の存在を知っていただく機会になりますし、そうした仕事の実績を重ねることでTitleの選書に対する信用度も増していきます。そのような選書やコメントを書くという作業のなかで自分も勉強していきますので、より本に対しての知識や経験が増えていきます。

一方で、こうしたブックセレクションは、本を選び発注し、入荷した本を配送して実際に並べに行くほか、売れ数の精算、在庫管理までやらなければならないので、多くの場合は自分の店で本を売るよりも手間がかかります。その時間を全部自分の店のために使ったほうが、より効率的に利益が稼げるかもしれません。ブックセレクションは空き時間でプラスの売上をつくることができて、店の認知もより高めることができますが、それは自分の店が良い状態に保たれていての仕事ですので、あまり無理をせずにバランスをとりながら行うことが大事です。

フードメニュー登場

一月の開店時に、ドリンクのみでカフェをスタートすると決めたことは第3章に書きました。開店景気が過ぎた二月以降、店内・店外に貼っているカフェのメニューを見て、そのまま帰っていくお客さまが目立つようになりました。カフェの売上も下降を続けていき一日数千円という日もあり、「今日はこのままカフェに誰も来ないのではないか」と心配になる日さえありました。

Titleは特にカフェを前面に打ち出している店ではありませんが、本をそれほど読まない近所の方でも、コーヒーくらいは飲んでいってくれるのではないかと思っていたのです。なかなかそう甘くはありません。来店したお客さまの動きを見たり、少し話を聞いているうちに、わざわざ出かけてカフェに入るのであれば、やはり何か〈記念として〉食べて帰りたいのだという気持ちが強いことに気がつきました。では、フードメニューを加えればいいのかというと、そう甘くはありません。

開店してから思っていたことは、Titleのカフェはとても静かな空間であり、本を読んでいる人も多く、話すとしてもどこか小声で話すようなところがあるということです。そうした空間は、この時代には貴重なものであり、派手さはありませんが、好きになった人にとっては、落ちつく空間になるのではないかということです。

しかし、その空間にランチのような重量級のメニューを加えてしまうと、調理の際の音や匂いが本を選んでいるお客さまのじゃまになったり、店に来るお客さまの客層が変化したりと、それまでのTitleの落ちついた空間を犠牲にしなくてはなりません。オペレーションの面からも妻一人では回らなくなるので、それは本屋全体とのバランスを考えると、似つかわしくないように思えました。しかし何か食べるものは出したい、そうすると一人でもできる軽食メニューになりますが、まず思い浮かんだのはホットドッグでした。

カフェメニューで重要なことは、店で仕入れる食材の安定供給です。ホットドッグの場合は、「パン」と「ソーセージ」ですが、こちらが気に入るような味や大きさ、価格で食材を売ってくれるような店が自分の通勤ルート内にあるかというような条件を吟味していくと、なかなかこれだというものに出合えませんでした。特にルートに関していうと、食材を配達してくれる業者は、一回につき最低でも三万円などかなりの量を頼むようなところに限られるので、Titleで使用するその一〇分の一程度の量では、こちらからとりに行くことになります（ドリンクはかなり融通が効きますが）。ホットドッグは、結局パンもソーセージもこれだというものが見つからず、メニュー自体が立ち消えになりました。

同時に思い浮かべていたのが、京都・三条のスマート珈琲店のフレンチトーストでした。それまでも京都に行くと、かなりの割合で寄っている店でしたが、厚切りで見た目のインパクトもあり、甘くて幸せ。どうしたらあのようなものができるのだろうと、パンの厚さや種類、カットの仕方、漬け込み時間と焼き加減を何度も違うパターンで繰り返しました（今ではお客さまに出せるものになりました）。

こうしたフードメニューを考えていた時期に、Titleでアルバイトをしたいという女性から手紙をもらいました。そのとき特にアルバイトは必要としていなかったので断ろうと思いましたが、手紙のなかに学生時代家政の専門大学に行っており、将来はフードスタイリングなどの仕事に携わりたい旨が書かれていました。同封されていた学生時代の作品の写真を見てみると、センスも良かったので、アルバイトでは無理だが店として力になってほしいことがある、という連絡をして、会うことになりました。

彼女は今「bocca」という個人ブランド（屋号）を持ち、季節に合わせて変更するケーキメニューやカレリアンパイ（フィンランド東部カレリア地方の伝統料理で、ライ麦を混ぜたパイ生地にミルクで煮たお米を載せたもの）を毎週つくりにきてくれています。

こうした幸運も重なって、春ごろにはフードメニューといえるものが少しは出せるようになりました。やはりフードのインパクトは大きかったようで、それを食べにわざわざ来てくださる方も増え、カフェの売上はすぐに伸び、平日でも一万円を超える日も珍しくなくなりました。

カフェの良いところは、けっこうフレキシブルにやれるということです。慣れてくれば、同じメニューでもその日手に入った食材によって少しアレンジを加えたり、メニューにないような試作品でも、その場に居合わせたお客さまに食べていただいて、ご意見を聞く(もちろんお代はいただきません!)などということも、平気で行っています。マニュアルをつくるのも自分たちだけれども、そこから逸脱するのも自分たちであるという個人店の楽しさが詰まっているのは、やはり飲食のような気がします。

新刊の仕入れ方

Titleが開店してからも、さまざまな新刊が発売されています。毎日、その日発売になった新刊が店に入ってきてそれが店頭に並べられ、その代わりにずっと売れていない商品が返品される……というのが本屋の日常なわけですが、もちろん発売になったすべての新刊が店に入ってくるわけではありません。

通常、書店には新刊配本といって、取次が決めたその店のランクとパターンにより自動的に本が送られてくる仕組みになっています。ランクとパターンは店の規模や売上、ジャンルごとの実績によって変化しますので、大型店になるほど新刊の入ってくる種類、量ともに多く、小さな書店には新刊がなかなか入ってこないということになります。また、こうした新刊配本に任せていれば、自分の店に合わない商品も自動的にたくさん入ってくることになり、それをそのまま店頭に並べていると、自分の店から意思が少しずつ消えていき、誰の店かわからないような店頭の風景になります。Titleで売れる本、売りたい本というのは毎日出版される本のなかでも限られていると思っていましたので、当初から取次の新刊のパターン配本は断りました。そうすると、何もしなければTitleに新刊は入ってこなくなるので、自分から事前に情報を集めて、店に必要な新刊を注文する必要があります。

Titleではこれから出る新刊の案内をできる限り多くの出版社から、ダイレクトメール、FAX、電子メールなどの方法で送ってもらい、事前に「何冊」と指定の配本数がつけられるものは、単品ごとに指定の数が入荷するようにしています（指定配本

＝出版社が各書店に対し、配本数を事前に決めたうえで取次に配本を依頼する方法）。店を始める前に注文をお願いした出版社には、その後の新刊案内の送付もお願いしました。開店後に店に営業で来られた出版社の方には、店に新刊案内を送ってもらうようにその都度お願いしています。

もちろん、それですべての新刊がカバーできるわけではありません。小学館、講談社、新潮社、文藝春秋など大手の出版社は、小さな本屋に対しては事前の指定配本は行ってくれない場合がほとんどであり、またノーチェックだった出版社から、Titleで置いてみたい新刊が出る場合もあります。そうした本は、日販が取引書店に対して公開している新刊リストを参考にして注文しています。その新刊リストは日販への注文の際に使用しているNOCS9000というシステム上に、発売二日先のものから情報が公開されています。その新刊リストを毎日確認し、欲しい本があればすぐにオンラインで注文するか、日販の担当者に欲しい数を確保してもらいます。王子流通センター（日販の大きな倉庫）に在庫がある本ならば、実際の発売日より二、三日遅れるとはいえ、大手の出版社の本でも早いうちに店に並べることができます。王子流通センターに在庫がなかった本は、それがわかった時点で自分で出版社に注文し、なるべく早く店に届くようにします。

こうしてTitleに仕入れた新刊は、それでも毎日発売されている、二〇〇点近くある新刊のなかでは二、三パーセントにしか過ぎないのではないでしょうか。それをリストに書いてある書名、著者名、出版社名、本の表紙を参考にしながら一つ一つ選んでいくのです。

いちばん早い新刊情報は、著者本人が情報源という場合もあります。事前にその情報を摑んでおくことで、発売と同時に大きく展開でき、発売直後の売り逃しも防げます。店で力を入れてその人の本を集めている、売りたいと思っている著者がいれば、SNSでフォローしておき、今その人が何の本を書いているのか、そしてその本はいつ、どこの出版社から発売になるのかを事前に知っておく必要があります。その本を出す出版社がわかり、そこに知り合いがいればあらかじめ声をかけておき、イベントやフェア展開など発売と同時にできることがないか話しておくのです。そうした力のある新刊を起爆剤にしながら、店に人を呼び、売上のベースにしていきます。

どんな本が売れたのか

そうして選んだ新刊のなかで、Titleでこの一年（二〇一六年一月一〇日～一〇月三一日）に実際に売れたものを見てみましょう。

●単行本
若松英輔『悲しみの秘義』（ナナロク社）三〇二冊
最果タヒ『夜空はいつでも最高密度の青色だ』（リトルモア）一五一冊
北田博充『これからの本屋』（書肆汽水域）一一〇冊
植本一子《いちこ》『かなわない』（タバブックス）一〇九冊
エラ・フランシス・サンダース『翻訳できない世界のことば』（創元社）八二冊

●文庫・新書
井伏鱒二『荻窪風土記』（新潮文庫）四九冊
尹雄大《ユンウンデ》『体の知性を取り戻す』（講談社現代新書）四一冊
倉嶋厚、原田稔編著『雨のことば辞典』（講談社学術文庫）三二冊

松浦弥太郎『もし僕がいま25歳なら、こんな50のやりたいことがある。』（講談社＋α文庫）三一冊
須賀敦子『コルシア書店の仲間たち』（文春文庫）三〇冊

●リトルプレス

『ヨレヨレ』一〜四号（ドンパン商店）計三〇〇冊
『アルテリ』一〜二号（アルテリ編集室）計一二六冊
『HAB 本と流通』（エイチアンドエスカンパニー）八五冊
ホモ・サピエンスの道具研究会『世界をきちんとあじわうための本』（ELVIS PRESS）六〇冊
栗山遼（編集）『HOWLAND』（ハウランド編集部）五三冊

文庫本より単行本のほうが売れている、小さな出版社が丁寧につくった本が売れているなど、傾向が少し見てとれるところもありますが、「Title ではどんな本が売れているのですか」と取材などで訊かれたときに、自分はよく「切実な感じがする本が売れています」と答えています。これらの本を見て切実な本と称することは、かなり感

覚的な言い方ですが、それに関しては以前に、このようなツイートをしたことがありました。長くなりますが引用します。

〈最近思うことは、「切実な本」こそ売れているという事です。「真面目な本」と言ってもいいかもしれません。著者が書くしかなかった、自らの底と向き合い、編集者がその想いを汲み取るしかるべき形で包み、それを丁寧な販促で伝えていく。マーケティングの発想からは、そうした本は生まれない。〉

〈マーケティングから売れる本の何が良くないかと言えば、必ず違う似たような本に取って変わられるからです。言ってみれば「替えがきく」という事なので。本は、元は一冊一冊が「替えがきかない」はず。替えがきかない「切実な本」にこそ、人の興味はあると思います。〉

このツイートは見ている方からの反響が大きいものになりました。全体として見れば本が売れない時代だとはいえ、その一冊一冊を見ていけばそれでも売れている本はあると思ったのです。そしてTitleで売れている本も「佇まいは静かだが、そのなかに秘めたものがある替えがきかない本」であり、そしてそんな本をお客さまが自然と引き寄せられるように手にとっているのだと思います。新刊案内だけを見れば新刊の洪水のように見えますが、そのなかでも自分には光って見えるような本を選んで、これからも紹介していきたいと思っています。

お客さまとの不思議な物語

本屋同士が集まったときに盛り上がる話で、「店内に入った瞬間に、本を買う客かどうかわかる」というものがあります。誰かがそう切り出せば、「そうそう」とすぐに共感の声が上がってきます。

カップルで入ってきてずっと話しながら店内をうろつく人、店内を腕組みしながらずっと眺めそのまま出ていく人、入ってくる足音がうるさくスピードが速い人……。評論家のような人も多く、棚を見て「ふーん」と言ったり、友人に「ここはこうだよね……」と話してみたり。ではそういう評論家のような人が何か買うのかといえば、たいていはそのまま出ていきます。

最近特に目にするのが、おそらく自分のＳＮＳに投稿するためだけに店に来る人です。何人かで来て入口で写真を撮り、店内は話しながらざっと見て、カフェのメニューも見るだけ、ギャラリーも上って行ったと思ったらすぐに降りてくる、つまらなかったのかなと思っていたら、店を出てまた楽しそうに記念撮影です。何しに来ているのかと思いますが、何にも触れることがなくても、情報の消費欲はそれで完了するのでしょう。そうした人を見ると、さすがに悲しくなります。

店内に入ってくるなり入口の平台にとりつき、あとはじっと棚を黙って見ている人がいます。そうした人はたいてい、しばらく店内にいたあと、静かに何冊か本を持ってレジに来ます。本を買うとは個人で本棚と向かい合い、数多くの本のなかから何を選ぶかを決めていく行為なので、そもそも誰かと一緒に見て回るという時点で、本と出合うということは難しいなと思います。

思うに、本屋に来て面白い本と出合うには、まず置いてある本に触れてみることです。「何をあたりまえな」と思うかもしれませんが、普段、本に慣れていない人は、本になかなか触ろうとしないものです。心理的な距離があり、いわば〈遠巻きに見ている〉という状態です。

本に触れてみることで、その手触りから、それが直感的に良いと思うものであるか、自分に合ったものであるかということが自然と伝わり、その本の内容までもが、読まなくても何となくわかります。そうしたことを繰り返していくうちに、自分が本当に求めている本が、すぐにこれだとわかるようになります。

こうした本との関わり方を続けていけば、そのとき自分が探していた本がなくても、他の面白そうな本が勝手に目に入ってくるようになるのですが、最近は探している本だけをずっと追いかけていき、それが見つからないとすぐに出ていく人のほうが多いような気がします。本当は出合うべきだったものに、出合う機会を自ら捨ててしまっているようで、そんなときは余計なことですが「もっとあたりをゆっくり見回してみれば、今まで気にもとめなかったことが目について、面白くなるかもしれないのにな」などと思ってしまいます。

店頭では不思議なことも、よく起こります。著者さんがご来店されているときに、その方の本を買うお客さまがいたことも、一度や二度ではありません。そうしたときには、この本はこの方が書いたのですよとご紹介して、その場でサイン会になることもしばしばです。著者の方にしてみれば、自分の本を実際に買う人を見るのはあまりないことですし、とても喜ばれます。本に限りません。Titleでは「10年メモ」という手帳を売っているのですが、近所に住むそれをつくったデザイナーの戸塚泰雄《やすお》さんが遊びに来たときに、「だれか今、10年メモを買ってくれたら、戸塚さんは喜ぶだろうな」と思っていたら、本当に買ってくれる人が現れたり。不思議な磁場が働いているとしか思えません。

こんなこともありました。雨の日でお客さまの入りも悪かったので、レジのなかで頼まれていた書評を書いていたのですが、閉店間際に棚に一冊しかなかったその本をまさにお持ちになってレジに来られた大学生くらいの女性がいらっしゃいました。「今、ちょうど『モモ』のことについて書いていたのですよ」とお話しすると、その人は「これから大切な友だちと会うので、その本をプレゼントとして渡したい」と仰いました。『モモ』は二本書いていた書評のなかの一冊で、他の一冊は須賀敦子『コルシア書店の仲間たち』だったのですが、そのことをお話しすると、『コルシア〜』を自分用のプレゼントとして買うと言ってくださいました。お友だちは『モモ』を喜んでくださったのかしらと、今でもたまに思います。

店主の日常

Titleは一一時オープンですが、毎朝九時三〇分には店に行き、その日に来た荷物を開梱します。両替金が足りなくなっていたり、急ぎの振込がある場合は途中で銀行に寄ります。荷物の量はその日によりますが、雑誌で二束くらい、書籍は段ボール三箱くらい。一箱の段ボールには、単行本でだいたい三〇冊くらい入っています。箱に入っている納品伝票と照らし合わせながら、お客さまの注文品があれば抜きとり、客注伝票と一緒にすぐご連絡できるようカウンターに置き、それ以外の商品はその商品が並べられる棚の前に積んでおきます。

一時間弱でその日来た商品を棚のなかに入れますが、難しいのは入れることよりも、何を外すかです。しばらく売れていないものは見ればわかりますが、売れていなくても置いておきたいものもあり、棚の前でしばらく悩んだあと、返品するもの（または、棚の下についているストッカーにしまっておき、機会があれば棚に戻すもの）を決めます。返品は多くなりそうであれば、その場で箱に詰めてガムテープで封をして、取次に戻すためのラベルを貼るという荷づくりまで一緒に行います。小さな店なので、開店後に商品がだらしなく店のあちこちに放置されないようにします。開店の三〇分前には、店を時間どおり開けることを意識しますので、店をひととおり掃き掃除し、トイレを拭き、ガラスも拭きます。店内にはその日の「毎日のほん」をディスプレイするコーナーを文庫棚の脇に設けていますが、それを入れ替え、音楽をJ-WAVEから営業時間中にかける阿部海太郎《うみたろう》やキセル、グレン・グールドなどのスロウなものに変えれば、シャッターを開けて開店です。

開店したら、まずツイッターで「開店しました」と一声発します。どういう効果があるかはわかりませんが、一人でもそれを見て「今日行ってみようかな」と思ってもらえれば、それで良いのです。そのあとは、注文の品が届いたお客さまに電話での連絡、売れた商品の追加注文、新刊商品の確保、その日に入荷した本の紹介文を書く……といったことなどを、差し迫っているものから行い、接客の合間に、お客さまからお申し込みいただいたイベントへの返信や、メディア掲載やフェアのお知らせなど各種情報をウェブサイトに更新、WEB SHOPへの商品記事のアップと来ている注文への返事、取材の対応、依頼された原稿の執筆……などを行っていると、もう日も暮れています。二一時になり、お客さまが残っていないかを確かめ閉店したあとは、数えたお金とレシート上の売上が合っているかを確かめるという精算作業を行います。そのあとカフェの椅子を上げて、明日掃き掃除がすぐにできるようにして終了ですが、ここまででだいたい二一時半くらい、これをほぼ一人で行っています。昼ごはんは、隣のセブン-イレブンでおにぎりなどを買ってきてお客さまが引く合間に食べることが多いのですが、土日などは買いに行く機会を逃すと夕方まで結局何も食べられなかったということも多かったりします。夜は、閉店後にカフェの厨房で妻がつくってくれたものを食べるか、そのまま帰りに二人でどこかに寄って食べることが多いです。

週一回の休日も、溜まっている仕事をしたり、外でのイベント出演をしているうちに、半分くらいは終わっています。妻も似たり寄ったりの生活を送っているので、ほぼ家は寝に帰るだけ、以前に比べかなり荒れています。

この状態を知っていたら、自分の店を開こうと思ったでしょうか。わかりませんが、今、同じ岐路に立ったとしても、やはり同じ道を選ぶのではないでしょうか。きつい状況が好きというわけではありません。できれば自分も楽をするのが好きです。しかしきつい/きつくないというよりは、その仕事をする必然性があるかどうかで選びたいのです。少なくとも、今の仕事は自分が選んだものだし、こうしたやり方でやれるのは、今のところ自分だけのような気もするからです。

本屋の毎日の光景として真っ先に思い浮かぶのは、お客さまで賑わっている店頭ではなく、まだ店内に誰もいない、しんとした景色です。静まりかえっていますが、本はじっと誰かを待つようなつぶやきを発しており、そうした声に溢れています。まったくのところ、本屋の仕事はこの「待つ」に凝縮されています。誰かやってくるかどうかはわからないのだけれど、とりあえず店を開けてみて、そこで待ち続ける。そのうち誰かがやってきて、ドアを開けてじっと本棚を見るかもしれないし、店内を素通りしてまたすぐに出ていってしまうかもしれない。そうしたことを幾度となく繰り返しながらも店を開けて、ひたすらそこに居続けるのが本屋の仕事の本質です。

こんなことがありました。関東地方を台風が直撃したその日、朝起きた瞬間から、テレビでは外出を控えるように促していたし、店を開けても無駄だろうということはすぐに思ったのですが、店内が雨漏りしていないかも見ないと心配だし、ともかく通常どおり出かけました。雨だけではなく、風もすごい日だったので、傘がまるで役に立たず、店につくころにはずぶぬれでした。幸いにも店内は何ともない状態だったので、そのまま開店しましたが、開店した一一時から風雨がおさまってきた夕方までに、店に入ってきた人は二人だけだったでしょうか。

そのうちの一人は、大分のほうからいらした方でした。自らも本屋開業を考えており、いろいろなところを見て回っているところだと話されましたが、今日しか来られる日がなかったので、この天気でどうかなと思ったけど、とりあえず来てみたということでした。それを聞いて、その人の思いが無駄にならずに、今日通常どおり開店していてよかったなとは思ったのですが、考えてみれば普段何気ない日でも、店に来る人は「行けば必ずやっている」とどこかで思いながら、わざわざ来てくださるのだと思います。その数々の、〈いまだ果たされていない約束〉を果たすために、自分は毎日同じ時間に店を開け、来るかどうかもわからない人を待ち続けているのではないでしょうか。

その日は夜になり、少しだけお客さまも戻ってきました。心のどこかでは一日不安だったのか、入ってくる方も、夜のなかにぽつんとついている、店の明かりにほっとした様子でした。いつも来てくださる方に何冊ぶんかのお会計をして「今日は、大変でしたね」と表情で語り合うと、ああ仕事ってこんな繰り返しかと、わけもなく思いました。お客さまと店をつなぐ糸は細くて頼りないけれど、それが切れないようにその端をなんとか持っていようと思った一日でした。

終章　プロになりたい

一年目の結果、二年目の仕事

Titleを運営するタイトル企画という株式会社は決算月が一〇月です。実際に営業を始めたのが、二〇一六年一月一〇日ですので、初年度は一〇カ月の営業でしたが、結果としては順調に滑り出した一年目だったと思います。特に利益は、(初期投資にかかった費用を考えずに営業成績だけで見れば) 一〇カ月で二五〇万円と、当初の見込みよりも一〇〇万円多く利益が出ています。

売上は、当初カフェの数字をフードも含めた金額で予測しており、実際にはランチなどの食事メニューは行わなかったのでそのぶんはマイナスになりましたが、書籍では見込みを大きく上回り、収入も見込みより上回りました。

経費に関しては、大体は当初の見込みどおりでしたが、アルバイトにかけるお金を抑えることができたこと、光熱費が予想していたよりも安く済んだことが大きく、見込みの九〇パーセントの金額で抑えることができました。

一年を通して数字を見ると結果はよく見えるかもしれません。売上には開店景気も含まれますし、客足が遠のく夏は苦労する日も多くありました。日常の時間のなかでは、なかなか本は売れていかない時代であるということも、毎日実感しています。著者のトークイベントであったり、さまざまな出版社や本をつくっている個人が出店するような、お祭りムードのあるブックイベントでは本が売れますが、いつも通っている本屋の日常の時間のなかでは、どういうわけか同じ本であってもおもりがついているように売れていきません。開店当初は、Titleという新しい店に来ること自体がお客さまにとってイベントのようなものでしたから、それだけで本が売れていきますが、これからはそこにあることがあたりまえの店なのですから、その人の気持ちを高めて、買ってもらえるような空気を、自分でつくっていかないといけません。

しかし一方では、ここまで店を続けてみて、手ごたえも感じ始めています。そこにあることがあたりまえの店になったからこそ、毎日続けて紹介している本は、店頭でもWEB SHOPでも特に紹介をしなかった本に比べると売れている傾向があります。これは当初考えていた、Titleが良いと思う本を選び紹介してそれがお客さまに売れていくという、他の小売業ではあたりまえのことがかたちになり始めているということだと思っています。

二年目以降のこれからのTitleも、そうした毎日の仕事の延長線上にあるものだと思います。これまで書いてきたとおり、本屋の日常は地味です。毎朝の荷物の開梱から、補充の注文、その間に新刊の案内を発信し、月に何回かはイベントを行い売上を引き上げる……。そうしたルーティンワークのなかで、お客さまからの反応が良かった本を見つけて、それを深めていくという繰り返しです。そこには画期的なイノベーションというものは存在しません。信用を積み重ねながら、Titleのファンを増やしていくということが、店が安定するいちばんの近道だと思います。

しかし、こうした仕事のやり方は、すべて事業計画書に記載していたことです。品ぞろえ、イベント、店の運営など、自分にはTitleを始める前もある程度の経験があったので、手の内にあったものを凝縮して、この小さな空間に詰め込みました。それが今お客さまに少しでも評価されているとすれば、それは素直に嬉しいのですが、手の内にあるものはその内容を更新しなければ、いつか古くなってしまいます。Titleも置く商品の幅を少しずつ広げたり、ブックセレクションの取引先を増やしたりしながら、今、行っていることの延長線上にある仕事もしていきたいと思っています。具体的に言えば、本を紹介する文章はもっと長いものを書き、そのバックグラウンドまで丁寧に紹介するようなものに数多く挑戦していきたいですし、Titleで一冊の本をつくるということも行いたいと思っています。あとは、せっかく縁があってこの荻窪という土地で店をやらせていただいているのですから、この地域とのつながりが生まれるような仕事が少しずつできるようになればと思っています。

「今後Titleをどうしていきたいですか」という質問を、取材のたびに訊かれてきました。「自分でTitleをこうしたいということは、何もありません」と答えると、大概の場合驚かれます。しかしリブロで働いていた時代も、そのとき目の前にあった仕事に向き合っていると、出会った人や体験したことが、次のもっと大きな仕事に自分を連れていってくれたように思います。その帰着が現在のTitleです。Titleがオープンしてから出会った人たち、作家の先生、展示をしてくれるアーティストの方々、出版社の人たち、自分で本をつくっている人、そして何よりも日々店に足を運んでくださるお客さま……その人たちがこれまでと同じようにTitleをまた別の地点まで連れていってくれると思っています。自分一人でできること、思いつくことは限られています。できるだけそうした出会いに身を任せながら、次はどこにいくのか、実は自分自身がいちばん楽しみにしています。

町の本屋のこれから

本が売れない時代になったと言われて久しく、自分は働き始めてからそれ以外のことを聞いたことはありません。そしてそれは、急速にこの数年進んでいるのではないかという現場の実感があります。本を読む人は、変わらず読んでいる、しかし多くの人の傾向は、急速に本から離れていっているということでしょうか。

そんななか「どうしたら本を読まない人にもっと本を読んでもらえるか」ということが、本屋が存続するための話のときには、必ず話題にのぼります。もちろん、読書人口のすそ野を広げる取り組みは大事ですし、それを否定するつもりはありませんが、自分は本を読まない人に読んでもらうよりも、今、読んでいる人に続けて読んでもらうにはどうすればよいかを考えたいと思っています。

日本の人口は減っていますし、これからも本を読む人の数は減り続け、それに従い書店の数が減り続けることは、間違いないことだろうと思います。しかし本を読む人の数は一定数残ると思います。そしてその残った一定数の人の期待に応えられるような店が、これからも残っていくのだろうと思います。

先日、業界紙『文化通信』編集長の星野渉《わたる》さんと同じイベントに登壇する機会がありました。その際に星野さんは、欧米などの例を引き合いに出しながら、「これからは〈町の本屋〉という、その言葉の表す内容が変わるのです」ということを仰られていました。これまでの町の本屋は、考えてみれば不特定多数の〈みんな〉を相手にした店づくりをしてきました。〈みんな〉が行くのに便利な場所につくり、〈みんな〉が求めるベストセラーを確保し、店内に置く商品は〈みんな〉に合わせて、売上順位の高いものから置いていくという店です。しかし人の生活スタイルが変わり、もっと便利な大型店やインターネット販売に、そのお客さまであった〈みんな〉を奪われてしまうと、従来の意味での町の本屋は途端にその存在意義を失うことになります。

今、個人店において、〈みんな〉のための店ということは、結局誰のための店でもなくなっていることを現しているのではないでしょうか。Titleは地域のお客さまへの間口を広げるため、置いている本のジャンルは広く、客注も積極的にとるようにしていますが、それでも核となる部分はしっかりと残しています。町の〈みんな〉は来てくれていないかもしれませんが、それでも週に一度は来てくださる方、ひと月に一度は来てくださる方は顔が何人も思い浮かびます。

町の人の生活と身近な場所にありながら、そこに住むある一定の趣味や志向を持つ人には支持をされるような品ぞろえをして、その人たちの興味を惹く本やイベントを積極的に提供する。その本屋がある地域により求められることはさまざまなので、品ぞろえに決まった正解はないと思いますが、その土地のなかでどんな本屋にしたいのかというイメージが店を始める店主のなかにないと、どこで店を始めても難しいことになると思います。これからの町の本屋は、町にあるからこそ、その個性が問われていくのだと思います。

Titleが閉店する日

店を始めたときから、「この店はいつ、どのようにして終わるのか」ということは、いつでも頭の片隅にあります。リブロにいたときも、さまざまな店が開店し、そして閉店していくのを見てきました。もちろんある店が閉店することにはさまざまな理由があり、一概に店の売上が悪くなったからという理由だけではありませんが、始まった店はいつかは終わるものだという思いをどこかに持ちながら、いつも仕事をしてきました。

店はいつまでも同じ姿でいることのできるほうが稀です。長く続けていると、同じ名前でやってはいても、店の内容が変わる場合もありますし、店のある場所が変わる場合もあります。店の名前自体が変わることだってあるかもしれません。何かを変えていかないと生き残れないという状況に追い込まれ、そうせざるを得ないときがくるかもしれませんが、できればこのままのかたちでずっとやれるにこしたことはありません。だからこそ、事前にさまざまな手を打ちながら、店の維持を続けています。そのような目で見ると、同じ場所でやり方も変えずにずっとやっているように見える店は、それだけで尊いと思います。もちろん同じようにやっているように見えるだけで、少しずつその内容は変化しているのでしょうが。

Titleは看板やロゴなどで店名を書く際に、店名の前に本屋と書いています。Titleだけだと何屋かわかりませんので、お客さまに向けて本を売っている場所ですよという意味を込めてそう書いているのですが、本屋と書いたことには少しの自負もあります。自分で本を書く、世に出したい誰かの本をつくる、自分がよいと思った本を売る……すべてが本に関する本屋の仕事であり、自分は仕事を続けているあいだは、それがどういう内容であれ、これからもずっと本にかかわる仕事をしていくのだな……と独立したときにそう思いました。なので、自分で言うのは恥ずかしいのですが、本に関するプロになりたいという意味も込めて本屋と書いています。Titleを続けていく限りは、それは本屋でなければならないでしょうし、本屋をやめることになったときがTitleが終わるときだと思っています。

誰かが自分の代わりにTitleを続けるということも、頭にはありません。もちろんそうしたいという人が本当に現れればそのときに考えますが、個人店の場合は、誰かが始めた店を見た別の誰かが「自分もやってみよう」「自分ならこんな店をつくる」とその人なりのやり方で始めるものだと思います。そうした見えない糸、つながりで連綿と続いていくネットワークのようなものが、これまでも数多くの本屋を結んできましたし、Titleが続いていくとすれば、この店を見た誰かが自分なりにそれを咀嚼して、またどこかに自分の店をつくったときだと思います。自分もTitleを始めるにあたっては、今まで見てきた数多くの店のことが、常に頭のどこかにありました。自分一人で本屋をつくったというよりは、今までそうした店をつくってきた人のレールに沿って、その続きに新たなレールを敷いたような気がしています。

だから、この先、気力、体力、お金のどれかが続かずにTitleが閉店するときがあったとしても、本屋がなくなるときはないのだと思います。Titleだけではなく、今、全国にあるそれぞれのやり方で本屋を行っている店を見た誰かが、きっとこのレールを同じように先へと延ばしていくでしょうから。

文庫増補章　その後のTitle

五年目のTitle

月日が経つのは早いもので、このちくま文庫版が出る二〇二〇年一月には、Titleをはじめて五年目の日を迎えることになる。毎日数万円のお金を出し入れする程度の小さな店だが、気がつけばここまで続けることができた。

日々のルーティン作業は、開店したころから変わっていない。朝の八時に「毎日のほん」を更新し、荷物のない日曜日を除けば開店一時間前には店に来て、棚に商品を並べる。店の開店後は一日レジカウンターのなかで、接客や仕入、本の紹介などの仕事をして、夜九時になったら店を閉める……。

商品のレイアウトも、店をはじめたときとまったく同じだ。入って左には暮らしの本と子どもの本、右にはアートや文学、人文哲学などの本を置き、真ん中には新刊やTitleでの売れ筋を並べた平台と、文庫専用の可動式什器がある。レイアウトは変わらないが、新刊の出し入れに合わせて、並べている本の内容だけが日々変化する。この店が同じ姿で変わらないことが、これまでTitleを続けてきたなかで、もっとも誇るべきことだと思っている。

店を開けている時間は、開店した年に比べれば短くなり、二年目からは朝の開店時間を、一一時から一二時へと一時間遅くした。それはその時間店に来る人が少なく、近所に住む年配のかたが中心の時間帯でもあったので、時間をずらしてもその人たちは来てくれるだろうと判断してのことだった（夜の閉店時間を一時間早めるということも考えたが、その時間にしか来ることのできない人もいて、それは断念した）。開店一年目は、定休日以外無休で営業を続けたが、二年目からはお盆休みの前後で夏休みを五日ほど取るようになり、春と秋にも三連休を一度ずつ取ることにした。

そのときは売上が減ることも考えたが、Titleのように目的を持って来店する人が多い店では、事前に休みを告知しておけば、お客さんはそれにあわせて来てくれる。それに休みをしっかり取ったほうが日々の気持ちが安定し、店を長く続けていくうえではよいことだと思う。

こうした長期の休みは、その年の最初に年間を通して決めてしまう。前もって決めておかないと、そのときの売上状況によっては休むことをためらってしまうときもあるかもしれないし、展示やイベントのスケジュールは日々入ってくるので、直前では休みが取れなくなってしまうからだ。

そうした休みの日には、極力街に出るようにしている。店にいるあいだは定点での仕事を続けているので、外で様々な人の顔に触れ、話題の美術展や新しくできた店に行く時間がないと、自分の感性が時代と合わないものとなり、本を見たときの判断が鈍るような気がしている。

この間一番変わったことは、店に来るお客さんの顔ぶれだ。店の開店時にはよく見かけた「どんな店か見てやろう」という人や業界関係者は、最近では見ることがない。多くのお客さんが入ってくることはなくなったが、Titleが行うことや並べている本に対し共感を持って来てくれる人がほとんどなので、店としては健全な状態になったと思う。

毎週土曜日の昼間、りんごジュースを飲んで帰る初老の男性、子ども向け雑誌の発売日に合わせ、月に一度だけ来店する女性。会社帰りに立ち寄って一瞬のあいだに二、三冊本を選んで帰るサラリーマン……。近くに住む多くの人の名前を知るようになり、本を渡す際にはひとこと会話を交わすようになった。

以前は店にもよく来られていたが、すでにお亡くなりになった人もいる。わたしはその人生の最後のほうに関わっただけだが、ご遺族のかたから話を聞き、お礼を言われることはつらい。

そのほか、店の近くからは引っ越してしまった人、店の近くに引っ越してきた人。引っ越しの際、違う県に行くけどこれからもTitleには定期的に通いたいという人がいて、ほんとうにまた来てくれたときは嬉しかった。


妻もわたしと同じで、毎日カフェに立っている。こうした日々に付き合ってくれて、彼女にはとても感謝している。三年前から、家には猫のてんてんが加わった。人間世界とは一切関わりがなく、その小さな体がすべてである猫がいることには、とても救われている。

店からの帰宅後は、わたしも妻も争うように、てんてんをかわいがっている。

売上と利益のこと

売上は、開店して二年目の年が一番高かった。それはいま考えれば、新しい店ができたという気分がまだ少しは残っていたのかもしれないし、開店日から一年後の一月一〇日、この文庫本のもとになった『本屋、はじめました』（苦楽堂）が出版されたので、それを読んで来店したお客さんも年間を通して多かった。

三年目以降、売上は横ばいが続いている。開業前に作った大まかな予算は達成できているものの、売上の内容を見ると、当初に比べ展示やトークイベントの占める割合が高くなり、日常の時間で本を売ることが、年々難しくなったと感じている。

店の運営にかかる費用は固定のものが多く、当初作成した損益計算表や一年目の営業成績と、内容はほとんど変わるところがないが、人件費は二年目から上げることにした。具体的に言えば社員（妻と私）二人の役員報酬を上げ、アルバイトの時給も、毎年少しずつだが上げるようにしている。

これは初年度の決算の際、会社に多くの利益を残しても、残した額に応じた法人税がかかることに気がつき（あたりまえだ）、それならば利益を削ってでも人件費にお金を使い、気持ちよく働く（働いてもらう）ほうが、事業の継続を目的とした会社としては健全だと思ったからである。

もちろんいくら経費を増やして節税しようとしても、売上を伸ばして利益を大きくしない限りは、手元に残る金額は少ないままだ。チェーン店に比べ規模として劣る個人店では、「収益」という数字に固執することは起業のスピリットを損ないかねない。どのようにすれば自分の店が、利益を確保できる売上水準に達していけるのかを、個人の店ではまず考えなければならないだろう。

店をはじめたころに比べれば、いまでは予算を細かく組むこともなくなり、売上の分析も行うことが少なくなった（ここまでこの本を読み、しっかりした人だなと思った人がいれば申し訳ない）。売上は一冊ずつの本を売った積み重ねの結果だから、売れかたの傾向を分析するよりは、その一冊を増やすために動いたほうが早い。複数の人が働く会社のように、営業結果の詳細を誰かに報告することがないので、日々の売上と銀行の預金残高の推移を確認して、いまの全体的な経営状況を把握すれば、およそのことは足りる。

そのように考えれば、個人店の経営はシンプルであり、その分品ぞろえや本の紹介など、より本質的な仕事に注力できる。

本屋は来店する人に対して、この本、面白そうだなと思わせ、自分の店で本を買っていただく商売である。どんぶり勘定と揶揄されるかもしれないが、大切なのは目のまえのお客さんに、本という美味しいどんぶりを提供することであり、真っ先にそのどんぶりにかかる原価を計算することではない。

Titleがある街

Titleは荻窪と西荻窪のあいだ、地名で言えば「東京都杉並区桃井」という場所にある。どちらかといえば荻窪に近い場所で、店の性格もまた荻窪よりである。とはいえ外で人と話をしたときなど、ああ、西荻窪にある本屋さんですねと言われることも多いが、そう言いたくなる気持ちはわからなくもない。

西荻窪は雑誌でもよく特集され、個人営業の飲食店や古道具屋、雑貨屋なども軒《のき》を連ねる街だ。新刊書店はいくつか撤退したとはいえ今野書店は健在だし、古本屋の音羽館やにわとり文庫、絵本作家の展示で多くの人を呼んでいるURESICAもある。

そうした西荻窪のにぎやかさに比べれば、荻窪の対外的な印象は地味で内向的だ。杉並区にある中央線の駅で、唯一土日に快速が止まる駅（住人のひそかな自慢である）の割には、そこに何があるのか答えることのできる人は少ないだろう。

駅をTitleに向かう北口から出て、チェーン店が立ち並ぶ青梅街道から、天沼八幡通りや荻窪教会通りといった路地に入ると、道は急に細くなり、個人営業の飲食店が点在する風景に変わる。そのまま進むと道は奇妙に曲がりはじめ、どこに向かって歩いているのかもわからなくなるが、整然と計画された街が多いなか、そうした複雑さが残る街は珍しい。

この街に新しく越してきた人は、丸の内線の地下鉄も乗り入れているような、利便性に惹かれてやってくることが多い。しかし昔から荻窪に暮らしている人ほど、この容易にことばにはできない古層が残る街のことを、どこか誇りに思っているふしがある。

二階のギャラリーで、長年デザインの仕事をしながら、最近では長さ一六〇メートルを超えて延び続ける、長大な植物画を描いている佐藤直樹さんに、「新・荻窪風土記」という展示をしていただいたことがあった。タイトルからも想像つく通り、井伏鱒二の『荻窪風土記』が下敷きとなっている企画で、佐藤さんは思春期のころこの街で過ごした時期があったので、記憶の荻窪と『荻窪風土記』に書かれた荻窪を、佐藤さんが現在木炭で描いている植物画に重ねて描いていただいた。

展示期間中、佐藤さんは用事がない日には二階にこもって絵の続きを描いていたが、制作をはじめて一週間くらいしたころ、絵の続きには〈沼〉が立ち現れ、そこから一気に絵が動き出したように見えた。荻窪はその地名からも想像できるように、水にゆかりのある土地だ。天沼八幡の近くにある公園はかつて池だったというし、いまは暗渠となっているがTitleのある桃井の周りにも、多くの川が流れていたという。手を動かしていたら、沼が自然に現れたと佐藤さんは話してくれたが、街の古層に押されるようにして、〈沼〉は現れたのかもしれない。

Titleは荻窪とはいえ、北口から一二分ほど歩いた八丁という交差点の隣にあるので、純粋に荻窪であるとは言い難いのかもしれない。しかしその先をもう少し歩いたところの、いまは公園とスーパーマーケットになっている一帯が、戦時中は軍関係の飛行機を作る工場であったため、駅から離れている割には、古くからの商店街が残っている。若い人がやっている店もぽつぽつとだが増えはじめ、店の近くにも焼き菓子のBakeshop Turquoiseや、ガレット&ソックスのaruiteruがある。

人によっては辺鄙《へんぴ》に思える場所であるが、自分のペースで落ち着いて仕事をやりたかったわたしにとっては、そのぽつんとした感じがあっていたのだろう。店に来る道すがら誰かと挨拶を交わすことも増え、見たことのある人とすれ違うことも多くなった。そのような瞬間には、この街で商売をさせてもらっているというよろこびを感じる。

本屋という場所

Titleをはじめるまえ頭のなかに思い浮かべていたのは、若き日の須賀敦子が働いていた「コルシア書店」の姿であった。コルシア書店は小さな店で、奥にいくには、人をかきわけるようにして進まなければならないほどだったという。しかしいつも店のなかでは、本に関することがにぎやかに話され、本を読む人書く人が行き交う、〈人〉の姿が記憶に残る店だった。

ヘミングウェイやフィッツジェラルドが訪れたパリの「シェイクスピア・アンド・カンパニー書店」、ビートニクの拠点となったサンフランシスコの「シティライツブックストア」など、コルシア書店に限らず海外の独立経営の書店には、いつも店のなかに、本に関することばが飛び交っている印象が強い。そうした店や書店主にあこがれていたこともあって、自分が店を作ることになったとき、そこをただ本を売るだけの場所にはしたくないと思っていた。

Title が開店してからは、平均すると月に三、四回のペースで、トークイベントを行っている。本に囲まれた小さな空間で行うイベントでは、話への反応がダイレクトに返ってくるため、大きなホールでの講演会にはないような一体感が生まれやすい。そうした親密な空気に乗せられるのか、話す人もリラックスして、普段は口にしないようなことまで語ってくれる。

Titleのイベントでは、昨日まで客席で話を聞いていた人が、今日は登壇者として話をする側にまわったり、著名な作家や評論家が、一般のお客さんに混じって客席に座っていることもある。有名無名は関係なく、店に集う人が同じ舞台に立つことは、見る／見られるといった一方的な関係を超えて、話を聞いている人にも積極的な参加を促す。

熱のこもったトークイベントでは、その熱さがまだ店のどこかに残っているのか、その人の本がその後も頻繁に売れることが多い。そのようなイベントを重ねることは、目には見えないが店を支える大きな力となっている。

ほとんどのイベントは夜に行うので、通りを歩く人からしてみれば、店の明かりに人が集まり、なにか楽しそうに話をしていると映るようだ。あるイベントが終わったあと、参加者のかたが「いつも何をやっているのだろうと、外からうらやましく眺めていましたが、今日は参加できて楽しかったです」と話をされた。家の近くに好奇心をくすぐられ、少しのあいだでも日常から離れることのできる場所があるのは、その街にとってもとても豊かなことだと思う。

イベントに限らず、街なかで見知らぬ人と話をしたり、本来の自分を満たしてくれるような空間が、いまの社会では得難いものになっているのではないか。

最近出た新刊と、何十年前から版を重ねるロングセラーが隣り合う本屋では、そこにいて本の並びを眺めているだけで、その人にとっての根本的な思考が誘発される。そのような空気に促されるようにして、普段は恥ずかしくて人には言わないことをつい口にしてしまったり、ずっと忘れていた本来の自分を思い出したりすることもあるだろう。

それは身近ではあるが、その人の日常を支配する価値観から離れ、こころに直接語りかけてくる声に満ちた異空間。本屋は本を買うための場所ではあるが、実は自分に帰るための場所でもあるのだ。

ある日の夕方、ぼんやりと文庫の棚を見ていた若い男の子が、閉店の二一時になっても帰る気配がなく、まだ店に残っていたことがあった。妻も先に帰ってしまい、店のなかにはわたしとその男の子しかいない。気にしなければ黙ってそこに立っているだけで、特に誰かに迷惑をかけていることもなかったのだが、そのままずっと彼と一緒にいる訳にもいかない。もう閉店ですと声をかけたら、そうですかと言って文庫本を一冊買い、すっと店を出ていった。

　この男の子はそのとき居場所がなく、たまたま見つけた本屋のなかから出られなくなってしまったのかもしれない。本屋はときとして、そのような人生の避難場所にもなりうる。彼の姿をその後見かけたことはないが、そのとき買った本を大事に持ってくれていればいいなと思っている。

その本に出合ったと思う瞬間

　以前の会社でも本を売る仕事はしていたが、Titleをはじめてから、自分は本に関して何も知らなかったと気づかされることが多かった。この本読んだとか、この作家はどういう人なのかと、店頭で尋ねられるのはいつものこと。そのようなときに名前を知っているだけでは、お客さんからの信頼は得られない。

　本について知りたければ、自分でも数多く読んでみること以外ほかにはない。店に並べているなかに、読んだことのある本が増えてくると、そこにある本が自らの延長のように思えてくる。そのような状態にあれば、新刊が入ってきたとき仲間の本がすぐに思い浮かぶし、新しく入ってきた本をずっとそこにあったかのように、売場になじませることができる（その店になじんでいるように見える本ほど、よく売れる）。

同じように普段から本をたくさん読んでいれば、その日入った本でもページをめくって少し読んでみるだけで、その本のエッセンス（内容、文体、刊行の意義など）は見当がつくようになる。それがわかれば、問い合わせ内容に適した本を自信をもって答えられるようになるし、自分の実感がこもったことばで本も紹介できる。


本を読みたいと思ってはいるが、何を読めばいいのかわからないと、店の本棚を見て苦笑いされることもある。流れてくる情報を無自覚に受け取っているうちに、主体的に何かを選べなくなっている人が増えているように思う。

学生時代、名画座に入り浸っていたという話は1章でも書いたが、最初観たときには『気狂いピエロ』も『8½』も、何がよいのかいまいちピンとこなかった（いまでもわからない箇所は多い）。しかしわからないなりにもそれを観続けているうちに、ラストシーンの美しさや、セリフに込められた真実といった、その作品に対する自分なりの感想を持つようになる。たとえそれが一瞬のことであっても、作品と直に触れ合った感触が、次は何の映画を観ようかと思う原動力になり、自分なりの映画の観かたを作っていった。思い返しても、苦労した映画ほど記憶に残っているものだし、自分の人生をいまも豊かなものにしているように思う。

本も同じであり、最初は読めないなと思った本でも、毎日少しずつでも読むことで、その本に出合ったと思う瞬間が訪れる。突如目のまえに現れた、自分の実感と深く結びつくようなことばが、一瞬にしてその本全体のことを、読むものに伝えるのだ。まだわからない箇所も多いかもしれないが、いままで姿すら見えなかった山は、そのときおぼろげながらもその山容が見えるようになる（それだけでも、その本を読んだことになると思う）。

そうした体験を重ねるうちに、本を読むこと自体が、その人のなかで自然な行為となってくる。何を読めばいいのかわからないという悩みは、その頃にはすでに、その人のなかから消えているだろう。すべての本はつながっているので、自ら選び心を揺さぶられた本があるならば、その本が導きとなって、次の一冊へと自然に向かうようになる。

情報があふれかえる現在、人は自分の実感からは遠ざけられ、本を選ぶという体験は、かえって貧しいものとなってしまった。それに抗うには、他人やインターネットだけを頼りにするのではなく、自分の時間をそこに費やし、こころに響いたものを信じて、少しずつ自分の世界を拡げていくしかない。

手仕事のような本、原石の本

一冊の本が世に出て、誰かの手に渡っていくことは、よく考えてみれば奇跡のような出来事だ。ある人が一冊の本と出合いこころを動かされた背景には、きっと誰かのよき仕事があり、そこにはその本に関わった多くの手が添えられている。

ミリ以下の単位で文字を動かし、見やすいレイアウトを設計するデザイナー。何度も色の調整を行いながら、オリジナルの絵や写真に近づけていく印刷所のスタッフ。一語一語を細かくチェックし、著者自身も気がついていない無意識にまで、目を行き届かせる校正者……。百パーセント完全な本は存在しないかもしれないが、関係者の仕事への理解が一パーセント高まるにつれ、完成した本はまったく違うものへと変わってくる。

書店の店頭に並ぶほとんどの本は、印刷工場や製本所で大量生産された〈工業製品〉だが、その仕事にはそのような手仕事と同質の細やかさが含まれている。商業出版として店頭に並んでいる本でも、どこかに手工芸品としての感じが残っているのは、そのせいだろう。

だから、必要な手間がかけられていない本は、どこか薄っぺらく見えてしまう。いま本が出せればそれでよいというその場しのぎで作られた本には、長く人の心を捉える力が宿らない。細部に手をかければかけるほど、出来上がったものの網の目が細かくなり、時間に耐えうるものになるのは、本も本屋も同じことである。

そのような本づくりを目指すプロがいる一方、個人で本を作る人の数も増えている。いまでは少部数にも対応してくれる印刷所や、InDesignなどデザイン専用のソフトもあるため、個人で本を作るハードルは、以前よりも下がっていると言えるだろう。

本づくりのプロではない彼らが作った本は、背表紙があり〈本〉の体裁になっているものから、半分に折った紙をホッチキス止めしたもの、紙をビニールに入れただけのものまで、見た目からしても様々である。形が揃っていないだけ並べづらく、表紙のテイストも本によってばらばらだが、ゼロからモノを作りはじめるときの潔さと、この本を世に出したいという衝動が感じられ、原石の輝きと面白さがある。

全国数カ所で開催されている「文学フリマ」には、そのような本の作り手が集まり、回を追うごとに参加者も増え、大変な盛況ぶりだと聞いている（残念ながら店があるので足を運んだことはない）。面白いのは一般の参加者に混じって、すでに出版社から本を何冊か出している書き手や、プロの小説家も自分で本を作り、出展していることだ。

エッセイストのphaさんも、はじめて書いた小説『夜のこと』をTitleに持ってこられたが、実験的なこともできて、買う人の顔も見える自費出版は面白いと話をされた。仕事とは別に書き残しておきたいものや、人とのつながりのなかで生まれたものを、即興的な熱さのまま形にしてしまうところに自費出版の面白さがある。たとえ発行する部数が少なくても数字とは別の価値を、書き手たちはそこに見出しているのだろう。

Titleの店内では、商業出版も自費出版も、分け隔てることなく並べている。細かな違いはあるにしても、どちらも〈本〉であることには変わりがなく、店に来た人には先入観を抜きにして、自分の心に響くものを持ち帰ってもらいたいと思っているからだ。同じお客さんが様々なジャンルの本、それも商業出版も自費出版の本も関係なく買われているのを目にすると、その本に対する開かれたこころがうれしくて、思わず握手をしたくなってしまう。

本屋ブーム（？）に思うこと

店をはじめてすぐのころには、実はわたしも本屋をやりたいのですと、お客さんから話しかけられることが多かった。個人の本屋が増えていることに関して意見を求められることも多く、こうも頻繁に新規開店のニュースを目にすると、個人経営の本屋は実際増えているのではないかと思わざるをえない。

Title が開店したあとも、関東だと Readin' Writin' BOOK STORE（東京）、Pebbles Books（東京）、ポルベニールブックストア（神奈川）、関西では storage books（兵庫）、toi books（大阪）などの名前が新たに開店した店として思い浮かぶし、他の地域でも多くの店が開店している。

これだけ新しい店が開店している背景には既存の書店に元気がなく、本が好きな人のあこがれにはなりえていないことがあるだろう。そして組織には頼らず、自分なりの生きかたを実践している人の存在が、ＳＮＳなどを通じて可視化されることにより、規模は小さくても自分らしく生きたいと願う人をあと押ししているように思う。

これらの新しい店は、新刊本と古本を垣根なく並べている店、店内で本だけではなくドリンクも提供する店、店主がフルタイムで別の仕事を持ちながら、土日だけで営業している店など、そのスタイルは様々だ。いずれも本屋であるとは言いながら、これまでの「町の本屋さん」の像とは大きくかけ離れている。

もちろん同じ商売とはいえ、その内容や役割は時代とともに変化していく。店まで行かなくても本を買うことのできる時代では、本屋という場所自体が、これまでとは違う意味を帯びてくる。最近できた店を見ていると、本屋は〈本を売る場所〉といったこと以上に、〈本を媒介としたコミュニケーションの場〉になりつつあると感じる。

ここ数年で生まれたすべての本屋が、この先ずっと続いていくことはないだろう（もちろんTitleも含めての話だ）。個人営業の本屋はチェーン店に比べれば、その資金や規模において頼りないものだし、個人で行うことは同じでもその商売には違いがあり、景気などそのときの社会状況も結果には影響してくる。本を取り巻く新旧のシステムは過渡期にあり、書店という商売をすべての店が続けていけるためには、まだ試行錯誤が必要なのかもしれない。

しかしいくら頼りなく思われ、不格好に見えたとしても、一部の会社だけではなく、個人が好きなように本を売る自由があるほうがよい。好きな本を店先に並べ、買ってもらいたいという気持ちは、この商売をする上でのなくてはならない〈もと〉である。そして個人店では、そうした気持ちがストレートに表れているほうが、来る人の共感を得やすい。多くの人が個人店に求めているのは、本を利用したビジネスではなく、本そのものに対するパッションだからだ。

個人営業の店同士は、組織やお金でつながっているわけではないが、お互いそれとなく意識し合っている。それは仲良しグループということではなく、商売がたきということでももちろんない。しいて言えば、そこにいるのがうれしいライバルのようなものだが、そうした存在がこれからも増えてくれれば楽しいだろう。

ひとりのbooksellerとして

これからの本屋は、どのようになっていくのだろうか。いまよりもさらにその数は減るだろうし、より専門店としての色合いを増していくのは間違いないが、そのことと、自分が仕事として本を売っていくことは、根本的に別なものだと考えている。

本を取り巻く状況に関し、ここでわたしが何らかの見通しを述べたとしても、それはどこかで誰かが言ったことと、そう変わるものではない。わたしが知っているのは、ここまで書いてきたような、自らの経験で知り得た狭い範囲のことだけである。しかし自分の経験は、自ら使うから生きてくるのであって、Titleというシステムがあるとすれば、それは〈わたし〉を抜きにしては考えられない。

店をはじめて何回か、Titleを出店しないかという誘いを受けたことがある。特に事業を広げたいわけではないので、そのたびごとに丁重にお断りしてきたが、店の数を増やすことは自分の首を絞めるようなものだと、内心ではひそかに思っていた。

本屋は多店舗展開したからといって、利益構造が劇的に変わるわけではなく、店を作る投資や人を雇う人件費のことを考えれば、新たな店を出すことはTitleの体力から考えれば非現実的である。それにTitleというシステムは、わたしがいないと本質的には作動しないので、店の数が増えればそれはただ名前を貸しているだけのものとなり、システム自体の求心力は薄まっていく。

ほとんどの会社では、多くの仕事はマニュアル化して、誰にでもできるようなものを目指しているだろう。以前にいた会社でも、その仕事はほかの誰かに振ることができないのかとよく言われたものだが、本を扱う仕事は属人性が高く、個人の経験を皆が使えるものとするのは難しかった。

だからこそ個人として生きる活路は、誰にでも簡単にはできない技術を高め、世間一般のシステムからは、外に抜け出すことにある。それには自らの本質に根差した仕事を研ぎ澄ませるしかなく、それを徹底することで、一度消費されて終わりではない、息が長い仕事を続けていけるのだと思う。

わたしはこれからも本を売って生計を立てていく、ひとりの〈bookseller〉でありたいと思っている。本屋の数が減りその内実も変わりつつあるいまだからこそ、リアルな場所としての本屋の価値、本を知っている人物への重要性が高まってくると思うからだ。

本はどこで買っても同じとはよく言われることだが、実はどこで買っても同じではない。価格やポイントでお客さんを釣るのではなく、本の価値を〈場〉の力で引き立てることにより、その本は買った店とともに、記憶に残る一冊となる。

情報技術が発達し、世のなかが更に便利になったとしても、人の感情を動かすのは、人の手が感じられる仕事である。Title はまだそうしたレベルには達していないし、職人的な技術と対価を得る商売とを、どのように結びつけていけばよいのかいまだ答えは出ていないが、その先に自分が進んで行くべき道があると思っている。

後悔してますか？

店をはじめてからは楽しいことも多かったが、その一方でがっかりすることも定期的にあった。小さな本屋では人との距離が近いため、よくも悪くも他人のことがよく見える。店内を長時間見て回り、感心したということばだけを残して立ち去る人（とても多い）、周りを気にせず大声で話し、本を散らかしたまま店をあとにする人、「撮影ＯＫ」のマークに安心したのか、展示物をくまなく撮影して帰る人たち……。

それが頻繁に起これば、店を続けるモチベーションはいつのまにか損なわれる。人は鏡のようなものなので、そうした行為に出くわしたときは、徐々にこちらの目も吊り上がってきて、自分の性格までもが悪くなってくるような気がする。

会社員でいたならば、お互い面倒なことは見過ごすこともできたので、他人の行為をそこまで深く考えずにすんだのかもしれない。店も時代の空気を吸いながら存在しているので、それに飲み込まれないよう平穏を保つのは、ときに難しいことでもある。

会社を辞めると告げたとき、以前世話になった元上司からは、独立してもずっと会社に勤めたとしても、最終的には同じところにたどり着くんだと言われたが、彼が言ったことは、一面ではその通りだと思う。仕事の多くは人との出会いで成り立っている。独立しても会社にいても、仕事を通じた人との出会いが、その人を人間的に成長させることには違いがないだろう。

ではそのまま会社に残っていたとしても、同じいまの〈わたし〉であったかと言われれば、そこには大きな違いがある。いまの人生と、そうであったかもしれない人生とを比較することはできないが、自分で店を開かなければ出会わなかった人や、手掛けることのなかった仕事の存在は、いまのわたしにとって、もはや抜き差しならないものとなっている。それがこの先わたしをどこに連れていくかはわからないが、少なくとも自分で選び、切り開いていった道なのだという実感は持っている。

それにTitleをはじめてからというもの、より本のことが好きになった。この小さな空間がもたらしてくれる本との親密な時間は、わたし個人の、忘れていた生来の本質を思い出させてくれたように思う。店をはじめてからは学生のころそうだったように、小説の面白さに再び目覚め、自分で文章を書くようにもなった。本の、ことばの持つ力を実感させてくれたのは、このTitleという店にほかならない。

だから、ときにがっかりすることがあったとしても、自分で本屋をはじめたことを後悔したことは一度もない。毎日よく飽きないねと言われることもあるが、目のまえのことに飽きてでもなお、やり続けることのできる仕事が、自分のほんとうの仕事なのだと思う。そうした意味で本屋の仕事は、わたしにとって自分の仕事だと思ってやり続けることのできる、ほかに代えがたい、唯一の存在なのだ。

文庫版あとがき

Titleが開店して一年目に、その顚末を書いた『本屋、はじめました』が出版され、それから三年経ったいま、今度はその本がちくま文庫に入ることとなった。その間、店の運営方法は変わらなかった（変わらずに済んだ）ため、文庫版のために書いた文章は、Titleを運営するにあたっての細かなことというよりは、もう少し本のまわりを俯瞰した内容となっている。

単行本を書いていたときは、店をはじめてまだ半年だったから、とにかくそれまで本と本屋について考えていたことを書けばよかった。そのせいか文章にも初々しさと、怖いもの知らずな勢いがあるが、いまでは店に関して迷うことも多くなり、その姿勢の違いが文庫版に書きおろした文章には表れているようにも思う。

本屋は語るものではなく、本を売ってはじめて商売になるのだから、本来は黙って本を売っていればよいのだろう。しかし、黙ってよい店を作っていれば、それだけでお客さんがくる時代は過ぎ去った。様々な機会に本屋に関する文章を書きすぎると、ときに自分が枯渇するようにも感じられるのだが、現場での時間を大切に生きて、自分を枯らさず語りつづけていくしかないと覚悟を決めた。

年々商売の環境は厳しくなっているが、これからもできるだけ長いあいだ本屋が続けられればよいと、こころから願っている。誰よりも早くから、この本を書くことを提案し、書くあいだは叱咤激励してくれた、苦楽堂社主の石井伸介さんと、その本を見つけ更に多くの人の手に届くようにしてくださった筑摩書房の井口かおりさんに、この場を借りてお礼を申し上げます。

Title 事業計画書

①新しい本屋のかたち

本屋

Title

この「事業計画書」は辻山さんがリブロ退職後、Title開業前に作成したものです。開業前に書かれたものなので、内容や数値が実際と異なることを御留意ください。オリジナル版はカラーA4横サイズで16枚（イメージ写真入り）ですが、本書掲載用にレイアウトを改めてあります(苦楽堂編集部)。

② Title ＝新しい世界との出会い　本屋 Title

本の表紙に書かれたタイトル。それを見ただけで、「ここからどんな世界が拡がっていくのだろう」と空想しませんか。タイトルは、その本の世界へとつづく扉です。店名につけた〈Title（タイトル）〉には、「新しい世界との出会いが生まれる場所」という思いを込めました。

お客さまが大切な一冊と出会える場を作っていけるように。

③ Title ＝いま、生きている人とともにある本屋

Title は町中にある、雑誌も文庫本もあるような新刊書店です。個人で作ったようなリトルプレスや、雑貨なども多くありますが、大体は見慣れた本屋さんの風景です。
Title が特に力を入れるのは「生活」の本です。Title では生活を「人が〈よりよく〉生きていくこと」だと考えました。衣・食・住はもちろん、文学や哲学、芸術、社会、ビジネスも「生活」の本と言えるでしょう。日常の様々な場面において、その人がよりその人らしくいられるための本、そうした本とは何だろうと考えながら、店に並べます。

④ Title ＝本の世界に直接触れる体験

Title はカフェを併設しており、コーヒーやお酒、簡単な食事も楽しむことができます。
ひとりでも、誰かと一緒でも、町の中で、落ち着いた時間を過ごすことができます。２階のギャラリーでは、アーティスト、写真家などの生の作品、漫画家の原稿などを直に見ることが出来ます。トークイベントやワークショップなども積極的に行います。小さな店ですが、本の世界に直接触れることの出来る体験を、数多く開いていきます。つまり、〈本〉を通して、よのなかに広く開かれた場所。それが「Title」なのです。

⑤事業責任者　　本屋 Title

辻山 良雄
（つじやま・よしお）

1972年12月1日生まれ（42歳）。出身地：神戸。早稲田大学政治経済学部卒業後、（株）リブロに18年半勤務。広島店、名古屋店などの中核店舗の店長を歴任後、2015年7月まで池袋本店統括マネージャー。現在は同社を退職し、自分の店を出すべく準備中。

Ⅰ 1,000坪の歴史ある大型店の営業責任者が作る、町の本屋

・この夏まで、80万冊の品揃え、日商1千万の大型書店で営業の責任者として勤務。
　ベストセラーから専門書、独立系の出版物などを幅広く扱い、様々なプロモーション手法で本を展開、販売してきた。
・常時100名以上が働く店舗をまとめ、オペレーションを構築してきた。
・同店の閉店を機会に、お客様の顔が見える規模でもう一度仕事がしたいと思い独立。
　小さいながらもこれまでの仕事の人脈を活かした企画スケールの大きい本屋を目指している。

Ⅱ 地域のブックイベントの立ち上げにも関わる、本と町の関係を築く仕事

・名古屋勤務時代、地元の有志とともに、地域のブックイベント「BOOKMARK NAGOYA（ブックマークナゴヤ）」を立ち上げる。毎年50店舗以上の参加があり、継続的なイベントに成長した。本と町の関係を築くという事が、その時からライフワークになっている。
・荻窪でも、「文士ゆかりの地」「中央線カルチャー」という場所の強みを活かし、外からもお客様を呼び、本や展示企画などを通しながら、その町の魅力を伝えられるような店を目指している。

■法人化しました

会社名：株式会社 タイトル企画
設立年月日：2015年11月2日
代表者：代表取締役 辻山 良雄
資本金：300万円
従業員数：2名
業務内容：書籍、古書、雑貨類の販売、飲食業、イベントの企画、出版物制作、ブックセレクト事業
経営理念：書籍を扱う業務を通し、個の多様性を確保した、豊かな社会作りに貢献する。

⑥出店場所

本屋 Title

■出店場所

・荻窪
青梅街道八丁交差点横

〒167-0034
東京都杉並区桃井1-5-2

■荻窪とは

・JR荻窪駅の乗車客数は1日平均8万6千人、増加傾向（2014年度／乗車のみ／赤羽・八王子と同レベル）
・カルチャーな路線〈中央線〉でもアクセスの良い駅
→展示企画・週末のイベントも足を運んでもらえる
・作家／編集者などが周りに多く住み、客筋も良い

■店舗周辺情報

・荻窪駅から徒歩13分、八丁バス停徒歩1分。周辺は歴史のある住宅街、人気の街・西荻窪も徒歩圏内
・近隣には、隣接ジャンルの店はなく、競合はないと言える
・駐車場は50m圏内に2ヶ所、14台駐車が可能（青梅街道から車で来られる方にも対応可能）
・徒歩圏の杉並区桃井・今川はマンションもあり昼間人口は多い。文教地区で住民の意識は高いエリア
・駅からは便利な距離とは言えないが、その「わざわざ感」を活かし、何か買ってもらえる店を目指す

⑦店舗基本データ

本屋 Title

店名	■Title（読み：タイトル） →Web、店頭などには店名の前に「本屋」を入れた表記にする。
狙い	■「本」を連想させる言葉、覚えやすい語感、短さ。 「新しい世界と出会える場所」という意味を込めて。
戦略	■本を買うという事が、一つの体験となる本屋。 →わざわざ足を運ぶ店となれるような、独特の空間、丁寧な品揃、絶え間のない情報発信、時間消費型のギャラリー・カフェ・イベントなど ■街の本屋としての機能を失わない実用性、入りやすさ →一般に認知されている本屋の顔を失わない商品構成、レイアウト →周辺には飲食店・カフェも少なく、普段使いの需要が見込まれる地域である
業態	■本屋＋Café＋ギャラリーが基本の業態 （本屋は新刊がメイン、一部リトルプレス、古本、雑貨などの扱いもあり）
店舗基本データ	■場所／東京都杉並区桃井1-5-2 ■2階建て／1階18.6坪、2階5坪 ■本屋＋ギャラリー／15坪 在庫金額／9,500千（上代）、9,000冊 平均月商／2,050千 営業時間／11時〜21時（営業時間は一例です） 定休／毎週水曜・第三火曜 ■Café／5坪 席数 8席／売上高 450千 カフェは20時まで

⑧店舗図面

本屋 Title

1F 本屋＋カフェ

1階は、入口を入ると本屋スペース。
壁面の高い書棚が目を引きます。

奥のカフェにそのまま繋がります。

2F ギャラリースペース＋店舗バックヤード

2階にはギャラリースペースを作り、月替わりで様々なジャンルのアーティストの展示を行います。窓から差し込む自然光を取り入れた空間です。

窓と反対方向に、店舗のバックヤードを作ります。

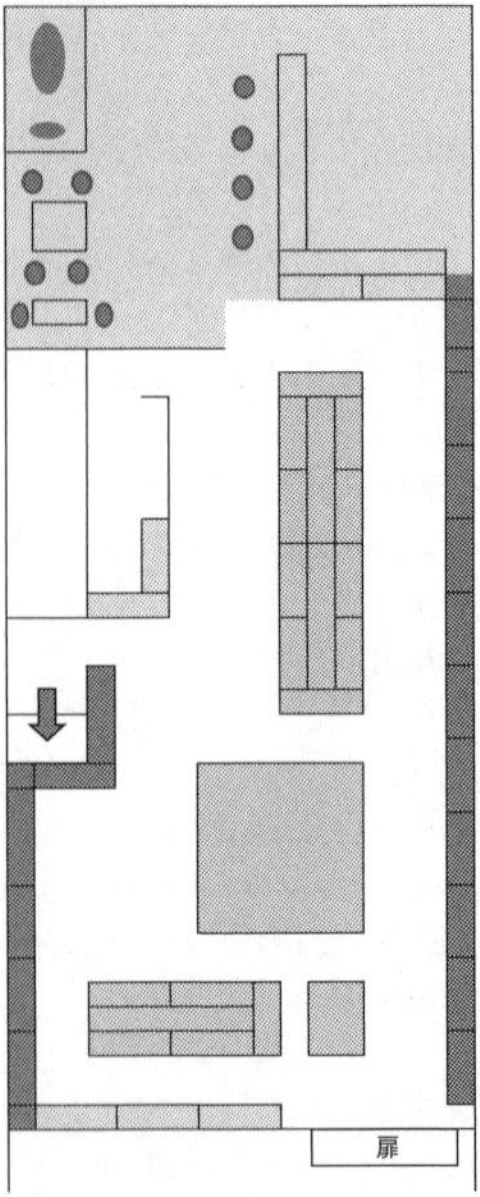

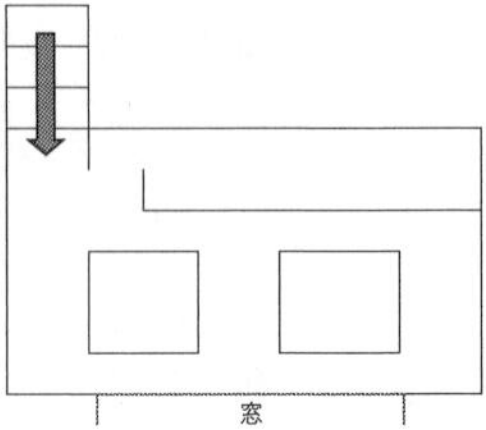

営業時間（予定です）
11：00～21：00
（Café は20：00まで）
毎週水曜・第三火曜定休

⑨本屋コンセプト　本屋 Title

オーソドックスな書店分類で親しみやすさを作る一方、通常の書店では並んでいない商品をきめ細やかに拾い、広域から人を呼べるイベントと共に広く発信。地元のお客さまと、目的で来店されるお客さま双方を意識して売場作りをする。

❶ 新刊書籍＝売上のベース

・全体の書籍の分類は、従来の書店に近いオーソドックスなもの。
・コア商品：ベストセラー商品＝4：6の割合で商品を構成（次ページ参照）。目立ったセレクト感は排するが、チェーン書店にはない、統一されたテイストの品揃えにはなる。
・ゆるやかにゾーンを構成し、入口付近のアイキャッチは「雑誌・新刊」など新入荷の商品と、「イベント・インディペンデントな出版物」など店舗イメージをつくるもので構成。
奥の棚に進むと在庫が増え、本の奥深さを棚から感じるゾーンに。
・力を入れるジャンル→暮らし、人文、文学（外文・詩）、芸術、えほん、旅など。
これらを生活の本（生活＝人が〈よりよく〉生きる）と考え、店の骨格にする。

❷ zine、古本、雑貨、オリジナルプロダクツなど＝差別化のベース

・個人発行のzineなどは力を入れて取り扱う。イベント連動、Web販売に強い事から一方の柱に。
・古本、アウトレット本なども和・洋とも積極的に入れる。
古本は近隣店舗との連携含める。
・雑貨も、平台などでは本と混ぜて展開。オリジナルプロダクツをメインに展開する。

❸ イベントコーナー、GALLERYなど＝情報発信のベース

・50点ほど展示が出来るフェアコーナーを常設。
年に数回行う企画展や作家セレクションに使う。
・2階のGALLERYでは、月替わりのアーティスト作品の展示・販売を行う。
→高額な作家の作品・購入率の高い限定グッズを販売することが、安定した売上の底支えに繋がる。
・上記は、SNSを使った発信の足掛かりとなり、広域からの集客の動機づけになる。

⑩初回商品発注イメージ　本屋 Title

1、コア商品、ベストセラー商品の比較、割合（メイン取次発注）
コア：ベストセラー＝4:6の着地点を目指す。

	コア商品	ベストセラー商品	備考
性質	・何もない状態から一冊ずつ店舗に合うものとして選ばれた商品 ・店舗の独自性を作るが、客層が狭い・限定的	・取次データを基に、一般書店の売れ筋が広く網羅された商品 ・あまり印象付けはされないが、広く買われるアイテムが多い	・バランスを取る必要あり。遠目は普通、よく見ると違う、など ・外に向けての宣伝で来店される方は、コアなものを求められる ・ベストセラー商品は近所の方が買っていかれると推測される
発注方法	・点数多い出版社→一覧表（一覧表は版元より入手／Web、FAX、メール、郵送） ・その他、著者・キーワードより引いたものをデータ化 注文発注時に、表ごと取次渡し。	・物件から来る棚割が完成後、コア商品以外の発注量をジャンルごとに作成 ・取次からくるベストセラー情報を基に、ジャンル毎に選定し、まとめて表ごと取次渡し。	・後の管理方法を確認して、エクセル登録 ・ブックリストのリトルプレスと連動させるものは、コア商品より
割合	7 割	3 割	・セレクトショップ色が強まり、客層を絞ってしまう危険性あり。 →「自分の店ではない」「わからない」などの意見が多そう
	4 割	6 割	・バランス的には、セレクトの息苦しさがなくなり、丁度良いか？ ・雑誌・文庫などもあるので、「本屋感」が出る。
	3 割	7 割	・ベストセラーに負け、店舗の独自色が薄くなる。 →「案外ふつう」など。コア7割よりはこちらの方が良いが。

・ベストセラー商品とはいえ、リストから選んでいく訳なので、余りカラーが違ってくる事はないと考える。
・商品が8千アイテムであれば、コア商品は3千アイテム。実際には、文庫・新書・雑誌は、一覧表からコアもベストセラーもまとめて発注するので、事前に自分で選定するのは1千～2千アイテム位。

2、その他、直取引先初回発注（表は一例）

取次	こどもの文化普及協会、ツバメ出版流通、八木書店、フォリオス、NBC、TBL
出版社	トランスビュー、ミシマ社、夏葉社、ゆめある舎、アルテス、エクリ、書肆サイコロ、青花の会(新潮)、ディスカヴァー 21、東京糸井重里事務所、イオグラフィック、ゲンロン、荒蝦夷、夜間飛行、SLANT、SUPER BOOKS、編集グループSURE、トムズボックス、ウィンドチャイムブックス、離島経済新聞社
リトルプレス	サルビア、murren、日々、talking about、APIED、歩きながら考える、d design travel、murmur magazine、てくり、Tomag、伊丹十三記念館、仕事文脈、北と南、ぽかん、子午線、ロケット、四月と十月、岡本仁、アアルトコーヒー、ほんまに、つるとはな、のんべえ春秋、生活考察、NORA、PLANETS、HB、民藝
雑貨	倉敷意匠計画室、HASAMI、garden、福永紙工、D-BROS、リアクセント、ディスクユニオン、PORT、エフスタイル、遊星商會、銀河通信社、月光荘、noritake、サブレタープレス、パワーショベル、彦坂木版工房、美篶堂、にじゆら、水縞、白根ゆたんぽ、eroor403、made in west

・〈個人で行う、持続可能な本屋〉を目指しているため、直取引は導入し、値入率の向上を図る。
・あくまでも独立系の本屋なので、一般書店では置いていない、ニッチなアイテムが差別化の鍵にもなる。

⑪カフェ提供メニュー

本屋 Title

Coffee　¥450～¥500

コーヒーはハンドドリップ、ラテ以下はマシーンで。
コーヒーは浅・深２種のオリジナルブレンドを作る。
アルコールも産地がわかるものを提供。

Sweets　¥400～¥500

ベイクドチーズケーキ／クッキー／チョコレート など。
フードに手数を加えるため、ここは購入予定。

Food　¥700～¥1000

オリジナルのスパイスカレーがメインフード
ホットサンド／サンドウィッチ／グラタン
スープ＋パンセット（バケット）
食材は、安心出来る取引先と契約し、新鮮なものを使用。

カフェの方向性

・地元の食材を重視した仕入を目指す。
・自然光も取り入れた、落ち着きのある内装、空間。
・50冊くらいのライブラリを作り、その本は自由に閲覧が可能。
（きれいな本を、お客様に買って頂きたいので、購入前の商品は、持ち込みが出来ません）

■メニュー表(イメージ)

・コーヒー(L・Sあり)
　オリジナルブレンド
　今月のコーヒー(ストレート)
　アイスコーヒー
・ラテ(ice)／カプチーノ／エスプレッソ
・紅茶(Hot／ice)
・りんごジュース　ムカイ林檎店(青森)
　→三鷹に直売所があります
・コーラ／ジンジャーエール
・ビール　２種
・ワイン(ココ・ファーム・ワイナリー／栃木・足利)
・テキーラ
・ベイクドチーズケーキ
・スパイスカレー
・ホットサンド
・ミックスサンド
・グラタン
・スープ＋バケットセット　…etc

＊フードをご注文の方にはドリンク割引サービス有

⑫店舗デザイン

本屋 Title

■外装工事／デザイン

- この建物の外観が持つ雰囲気を、そのまま活かした正面。
  →陥没箇所などの補修はするが、基本的には現在の形をそのまま活かし、看板も雰囲気を殺さないようなもので作成する。
- 入口は中の様子がわかるように、全面ガラス張りを予定。
  本が歩道に面して、大きくディスプレイされているイメージ。
- 側面外壁、背面部分に関しては実用の観点から考え、補修・改修をかける。
- 自転車の多い歩道。入口部分は駐輪の余裕を持てるように、少し奥に下げる。

■内装工事／デザイン

- 現状の内装は、ほぼすべて改修・入替。現状の1階の居住部分も外し、フラットな床にして、天井の高さを活かすようにする。
- 壁面の本棚は、高いものを使用。
  上部は通常届かない高さにあるので、ディスプレイとして使用する。
- 本屋とカフェは同じ内観で、区切りも緩やかなもので付ける。
- カフェの壁面上部にも、明かり取りの窓を付け、自然光を入れる。
- 「木」「石」などの素材感を大切にした、素朴でシンプルな空間。
- 照明は落ち着いたもの。スケルトンの天井からペンダントライトを取り付ける。
- 2Fのギャラリーは、白で統一する。青梅街道からの、柔らかい光を取り入れた空間。
- 2Fへの階段は、現状よりも勾配を緩くする予定。

⑬Webページ/イラストレーション/用度品など

■Web

＊ECサイトあり（ショッピングサイト：STORES.jpを使用予定）
＊Web販売では、オリジナルプロダクツ、アーティスト雑貨、zine、古本などの販売が中心
＊Web購入者には、nakabanデザインのカバーなどギミックを付ける
＊その他、イベント告知、インフォメーション、ブログ（要検討）などサイトのみの特集も
＊SNSはTwitterが中心。Facebook、instagram（カフェ写真）などは検討。
＊新刊書籍でも、ECサイトに出せるように「自店でしか購入出来ないコンテンツ」にする。
→著者特製のブックリスト付（フェア連動）、サイン本（事前了承）、特製ペーパーなど
＊Web・紙製品制作会社・・・宇賀田直人デザイン
（恵文社一乗寺店、夜長堂、その他ショップの仕事多数あり）

Web空間は、今やもう一つの世界・店舗であり、
かなり頻繁に更新・発言を行い、広域からの集客に繋げていく。

■イラストレーション、デザイン一般

＊ロゴマーク、店舗看板、ビジュアル数種などは、画家のnakabanに依頼。イラストレーションだけでなく、そこから導かれる内装イメージなどを共有し、店舗に反映。

＊nakaban…1974年、広島県生まれ。広島県在住。旅と記憶を主題に絵を描く。絵画作品を中心に、雑誌等印刷物の挿絵、絵本、映像作品など多数。

■用度品・服装

＊ブックカバー、袋などはオリジナルのものを作成予定。
→テーマカラー使用。サイズ2種。
＊カバーの折り返しには、協賛する版元などの広告入稿。
＊店名のデザインは、随所に使用。
→名刺、看板、ツイッターアイコン、プロダクツなど
＊看板の下部分など、入れられる箇所には地名を明記。
→その街で商売する覚悟、お客さまとの繋がりが生まれる。
＊服装は自由。襟付きのシャツ着用。

⑭実績・発注レギュレーション　本屋 Title

1. システム費用比較表

	導入費	ランニングコスト／月額	書誌データ	在庫管理売上管理	発注
取次 POS	700千～1,000千程度	20,000円前後	○	○	○
業者 POS	100千～1,000千	10,000円～20,000円	△（自分で入力が多い）	○	×
クラウドサービス（iPad レジなど）	無料	無料～10,000円	△（自分で入力）	○	×
レジのみ	無料	無料	×	×	×

・個人で行う本屋にとって、取次システムに入るのは、売上管理・書誌データ提供の上で有利だが、非常に高コスト
・他社制作システムは若干安価だが、データ提供の有無、発注システムが繋がっていない事などを考えれば、同じパフォーマンスではクラウドサービスの方が、コストをかけずに始められるので、大きく初期投資に差がついてくる。
・クラウドサービスは、概ね10万点位までであれば単品管理が可能。ただし、書籍全体の検索機能、発注機能は外に求める必要あり。
・レジのみでは、単品管理がスリップのみでしか出来ず、新刊を扱うには現実的ではないと考えた方が良い。
・クラウドサービス、レジのみの場合は、初回の機器購入費は別途必要となる。
＊クラウドサービス例）スマレジ（iPad を使用しての、クラウドレジサービス）
プレミアムプラン（10万点までの在庫管理機能を搭載した上位プラン）
初期費用：なし
月額費用：4,000円（税抜）

2. クラウドサービス運用イメージ

	発注	送品	備考
書籍新刊	■主に版元指定（パターン配本なし） ■マスタ登録あり（棚番指定機能あり）	新刊ライン	・情報源を幅広く継続的に確保することが課題（取次一覧表、版元 FAX、SNS、定期的な他店視察）
書籍定番	■取次システムを別途利用（利用料９,000円／月程度） ■マスタ登録済	注文ライン	・取次と直接繋がっていない事からくる手間はかかる ・発注後の未入荷の洗い出しが課題
雑誌	■取次システムで発注・定期改正 ■リアルタイムでの在庫管理は考えず	新刊ライン	・リアルタイムでの管理は行わず、成績表のみの管理 ・バックナンバーはそのまま展開するものもあり
その他	■古本・zine など、コードがないものに関しては登録せず ■一部雑貨などに関しては、登録を行う ■注文に関しては、各取引先と直接行う	直送	・POS での商品管理は基本的に考えない ・商品分類＋金額でレジ上は手打ちする

＊発注方法、新刊・注文の入荷データ提供方法・形式など、確認・方法改善を密にご相談させてください。

⑮モデル損益　合計P/L（単位：千円）　本屋 Title

		構成比	備考
新刊書籍売上	1,750	70	メイン帳合売上
その他売上	300	12	その他商品売上＊書店合計で平日60千、土日100千の売上試算
カフェ売上	450	18	平日14千、土日18千　客単価700円で試算
総売上高	***2,500***	100	
書籍差益高	385	50.6	売上比22パーセントで試算
その他差益高	105	13.8	売上比35パーセントで試算
カフェ差益高	270	35.6	売上比60パーセントで試算
店舗総差益高	***760***	100	
その他収入	***50***		原稿料、イベント出演料、選書料など
収入合計	***810***		

給与	350	53.0	社員2名
アルバイト費	100	15.2	900円×112.5H（一日約4.5H）
交通費	10	1.5	
人件費合計	***460***	69.7	
借地借家料	80	12.1	
レンタル・リース	6	0.9	POS レジ
施設管理費合計	***86***	13.0	
消耗品費	20	3.0	袋・カバー・諸経費平均
配送費	10	1.5	配送料サービスなど
消耗品費合計	***30***	4.5	
電気代	30	4.5	
水道代	20	3.0	
ガス代	22	3.3	
通信費	12	1.8	電話代、プロバイダ料など
水光熱費合計	***30***	12.7	
営業経費合計	***660***	100	
営業利益	***150***		

2年目利益 1,800千円／年、利益率6%

⑯初期投資計画 (単位：千円)

本屋 Title

	240	敷金、礼金、その他
施設費	***240***	
内装工事	3800	
水道、ガス、電気	1000	配管が来ている事を想定。条件が異なれば、大きく変わる
空調設備	600	大型の業務用は商品、工事ともに高い。家庭用のものを4台使用
厨房設備	500	ほぼ中古。シンク、冷蔵庫、冷凍庫、製氷機、食器洗浄機など
その他	0	
工事費	***5,900***	
本棚	50	壁面スチール什器、閉鎖店からのものを使用
その他什器	700	文庫中置き什器、平台など
書店備品費	200	レジ、金庫、踏み台など
カフェ備品費	300	コーヒーカップ、グラス、皿や、ストロー、コースターなどの消耗品
備品費合計	***1,250***	
販促費	500	サイン、ウェブサイト、謝礼、その他
消耗品費	100	初期レジ袋、ブックカバー、ガムテープなど事務用品、清掃用具など
その他	0	
販促費・消耗品費合計	***600***	
予備費	0	
初期運営費	3,000	2か月分の運営資金（仕入代金）など予備費として考える
会社設立費	300	
各種登録費	30	古物取扱免許、調理師免許、防火管理者プレートなど
その他	0	
その他費用合計	***3,330***	
初期投資合計	***11,320***	内「初期運営費」を除いた、完全な投資部分は8,230千

初期商品在庫分
8,000千（下代）
別途

Title 2016年度（2016年1月10日～10月31日）営業成績表　本屋 Title

	2016年結果	予算	予算比	備考
新刊書籍売上	19,635	17,500	112.2	メイン帳合売上
その他売上	4,908	3,000	163.6	その他商品売上
カフェ売上	2,850	4,500	63.3	ランチメニューなし（予算上はあり）
総売上高	***27,393***	25,000	109.6	10カ月分、外商（松庵文庫など）と、9月よりWEBSHOPを含む
書籍差益高	4,319	3,850	112.2	売上比22パーセントで試算
その他差益高	1,717	1,050	163.5	売上比35パーセントで試算
カフェ差益高	1,852	2,700	68.6	売上比60パーセントで試算
店舗総差益高	7,888	7,600	103.8	
その他収入	572	500	114.4	原稿料、イベント出演料、選書料など
収入合計	***8,460***	8,100	104.4	
給与	3,500	3500	100.0	社員2名（社会保険等含む）
アルバイト費	580	1000	58.0	1カ月60時間程度。イベント時、カフェフード製作、朝・夕の交代時など
交通費	100	100	100	
人件費合計	***4,180***	4,600	90.9	
借地借家料	800	800	100.0	
レンタル・リース	130	60	216.7	POSレジ（スマレジ月4千＋取次発注システム月9千）
施設管理費合計	***930***	860	108.1	
消耗品費	155	200	77.5	袋、カバー、カフェ消耗品、清掃用具など
配送費	82	100	82.0	返品、配送料サービスなど（9月からWEBSHOPの配送代含む／月30千程度）
消耗品費合計	***237***	300	79.0	
電気代	274	300	91.3	エアコン（家庭用4台）、厨房内は電気器具多し
水道代	18	200	9.0	カフェ、トイレなど
ガス代	32	220	14.5	カフェ使用
通信費	222	120	185.0	電話代（固定1台＋携帯2台）、プロバイダ料など
水光熱費合計	***546***	840	65.0	
営業経費合計	***5,893***	6,600	89.3	
営業利益	***2,567***	1,500	171.1	

（単位：千円）
営業分のみ
開店経費は含めず

本屋Title周辺略図
↑至井荻
本屋
Title
杉並区桃井 1-5-2
N
環八通り
八丁
四面道
若杉小南
杉並公会堂
荻窪駅前
荻窪

地図作成　濱章浩、小松原弥生

解説　書物が生まれる場所

若松英輔

「Title」が創業してから四年が経過したというから、もう五年ほど前のことになる。池袋・リブロでトークイベントを終えたあと、当時、売り場の責任者だった辻山さんと言葉を交わした。すでに池袋・リブロの店舗の閉鎖は告知されていて、今後どうするのかを辻山さんに尋ねると、数秒ほど沈黙して、はにかむようにしてこう言った。

「まだ、言えないんですが、自分でやろうと思うんです」

振りかえってみると、あの日が「Title」との出会いだった。そのときには書店の名前も聞いていない。「Title」という名前も知らない。今でも独立系店舗のある様式を意味するようになった「Title」という言葉も、最初に聴いたときは、あまりしっくりこなかった。すべて英文字で書かれていたからかもしれない。

しかし、事業が動き出してみると、そんなことはまったく些末なことだった。この書店が試みること、一つ一つがニュースになっていった。「Title」は、ある意味では平凡な書店なのである。だが、歴史は、誰にもできなかったことを、この書店が実現したことを証明している。文庫化に際して追補された文章には次のような一節がある。「日々のルーティン作業は、開店したころから変わっていない。朝の八時に「毎日のほん」を更新し、荷物のない日曜日を除けば開店一時間前には店に来て、棚に商品を並べる。店の開店後は一日レジカウンターのなかで、接客や仕入、本の紹介などの仕事をして、夜九時になったら店を閉める……。」

世の中は事業を大きくした人を成功者だという。しかし、自分で会社を作ってみると、自分にそぐわない大きい事業を展開しても、それを「成功」とは呼べないということが分かってくる。私も大学の教員になる二〇一八年まで一五年間、起業した会社の経営にたずさわった。

「成功」を意味する英語successには、「持続する」という意味もある。むしろ、持続性を持たない事業は真の意味における「成功」とは言えないのだろう。今日の状況で新しく書店を開くという決断には大きなリスクが伴う。そもそも書店に限らず、どんな事業であれ、開業一年を経ずして閉鎖を余儀なくされる事業体がほとんどなのである。

この本は、書店起業入門のように読めるが、もし、何か秘密めいたものを探そうとしているなら、少し注意が必要かもしれない。作者は開業資金は損益まで赤裸々に語っている。読者も、隠された何かを探すのではなく、そこにあるものをじっくり感じとって見るのがよい。たとえば次の一節などこれから事業を始めようとする人は熟読玩味するとよいと思う。

「人によっては辺鄙《へんぴ》に思える場所であるが、自分のペースで落ち着いて仕事をやりたかったわたしにとっては、そのぽつんとした感じがあっていたのだろう。」

作者は、無理をしない。それは寝る時間を惜しんで働いたりしない、ということではない。どこまでも自分であることから離れない。

同業他社の動きもよく観察しながら、自分の性に合わないことはけっして深追いしない。別な言い方をすれば、ほんとうに自分でなくてはできないことを、今も貪欲に探している、ともいえる。

売上の管理に関しても、独特の直観力を持っている。辻山さんは、数字を追うのではなく、商いの流れを追うのである。

「店をはじめたころに比べれば、いまでは予算を細かく組むこともなくなり、売上の分析も行うことが少なくなった」

経営とは、ボートをこぐように始めるのだが、どこからか、ヨットを操縦するような技量が必要になってくる。売上も作るのではなく、「育てる」といった感じになってくる。

「Title」は書物が「生まれる」場所だ。「生まれる」という言葉にも多層的な意味がある。本は読まれることによってはじめて「書物」になる。それだけではない。私はこの書店で行った連続講座を書籍化した。文字通り「Title」は本が「生まれる」場所でもある。

本書の読者はきっと「Title」を訪ねてみたいと思うだろう。そうしたら、ぜひ、喫茶コーナーでコーヒーなども飲みながら、厨房をのぞいてみてほしい。そこで働いている人物が、この書店が今も変化し、真の意味で「成功」しつつある理由の一つなのである。

作者もこの人物には感謝しているらしい。

「妻もわたしと同じで、毎日カフェに立っている。こうした日々に付き合ってくれて、彼女にはとても感謝している。」

本当に信頼できる人物とめぐりあうこと、これが事業成功のもっとも大きな「鍵」だと私は思う。

Title ロゴデザイン　nakaban

本書は、二〇一七年一月苦楽堂より刊行された単行本『本屋、はじめました――新刊書店Title開業の記録』に文庫版のための書き下ろしの章を加え、副題を変えたものです。

なお、単行本掲載の「特別付録・東西本屋店主対談」と索引は、本書には収録していません。

ちくま文庫

本屋《ほんや》、はじめました　増補版《ぞうほばん》
――新刊書店《しんかんしょてん》Titleの冒険《ぼうけん》

二〇二〇年一月十日　第一刷発行
二〇二四年四月十日　第四刷発行

著　者　辻山良雄（つじやま・よしお）
発行者　喜入冬子
発行所　株式会社　筑摩書房
　東京都台東区蔵前二―五―三　〒一一一―八七五五
　電話番号　〇三―五六八七―二六〇一（代表）
装幀者　安野光雅
印刷所　中央精版印刷株式会社
製本所　中央精版印刷株式会社

ISBN978-4-480-43648-1　C0100